This is China
这就是中国

郭雷庆　赵彩燕　著

山东文艺出版社

前　言

今天的中国，经济繁荣，国力强盛，人民生活日益富足。任何人，不管其立场如何，价值观怎样，都不能否认这个事实。

中国在20世纪后半期及新世纪以来的发展将是一幅被史家浓墨记录且反复绘制的历史画卷。

新中国70年走到今天，来路艰难曲折，面前气象万千，要绘制好这巨幅画卷，尤其是要在极有限的篇幅内绘制好它，十分不易。因此，我们只能在丰富多彩的景象中剪取个别片段。

片段的剪取也是一件费思量的事。国家发展的状况是否值得称道，终归要看百姓的日常生活。因此，我们剪取了百姓衣食住行方面的进步以及支撑这些进步的主要建设成就。

进步只能在比较中呈现。自然地，我们用了相当篇幅展现近代旧中国的景象。

但是，起笔之处却远在近代之前，这与我们对中国历史和现实的理解有关。历史演进至近代，与之前的一两千年相比，中国绝大部分普通百姓的生产和生活方式并无实质性变化。不仅如此，较之历史上处于发展高峰期的时代，如盛唐和两宋时期，近代中国普通百姓的生活品质甚至还有下降。

世界历史在从中世纪过渡到近代的过程中，普通百姓的生活品质在某些时期较此前恶化,是许多国家经历过的。近代前期在许多欧洲国家就是如此。在中国,人口激增导致的生存资源紧缺、列强的入侵和掠夺、战乱和社会动荡、社会贫富分化加剧、自然灾害和疠疫流行等等,致使普通百姓的生活之悲惨,世所罕见。从古代到近代一路看下来,方能更好地理解新中国70年的发展变化对于普通百姓究竟意味着什么——2020年结束,中国不仅有了一个庞大的中产阶层,而且绝对贫困现象已经成为历史,此目标的达成,实乃中国千年未有之变!

用笔定格这一历史场景,是当代人的责任。

作者
2021年1月

目录

前　言 ……… 1

一　「吃了吗」背后的中国饮食过往 ……… 1

二　从「有啥吃啥」的食品店到「吃啥有啥」的超市 ……… 27

三　如何用7%的耕地养活世界20%的人口 ……… 43

四　吃在每一个有仪式感的节日里 ……… 63

五　一地一风味　犒赏你的胃 ……… 81

- 六 一城一世界　吃出中国味 …… 109
- 七 民族美食　不一样的中国味 …… 131
- 八 啤酒　可品可饮可狂欢 …… 139
- 九 不出国门　吃遍世界 …… 157
- 后记 …… 177

一

「吃了吗」背后的中国饮食过往

不必"当真"的问候

在中国人的记忆里,曾经非常盼望着过春节,因为一年之中,除夕这一天是食物最丰盛的日子。近几十年来,可以毫不夸张地说,中国人的餐桌每日都可以像几十年前的过年一样。除了家庭餐桌的丰盛,家人、同事、同学、朋友等相约到餐馆享受美食,也是一件极为平常的事。

2017年4月17日,广西百色市田林县,4000多名宾朋在南堤路摆起千余米长的360多桌千人百家宴上用餐。(视觉中国)

南京大排档。(视觉中国)

三四十年前,走在中国北方的乡村,如果迎面走来的热情老乡突然问你一句"吃了吗",那你千万不要太过当真。即便你回答"还没有",也一定不会收到热情的就餐邀请。因为,这只是一种稍显独特的问候方式,等同于都市中的"今天天气很不错"。

曾经有那么一个时期,中国人见面打招呼,即便不是在用餐时间,也通常会问"吃过饭了吗?"。这种独具特色的中国式问候语存在了相当长的时间,尽管有时甚至会制造某种尴尬。

有一个相声段子,说早起两个人碰面,一个在刷牙,另一个问"你吃了吗"。更有甚者,两人在厕所前碰面,要进去的那位问刚出来的那位"你吃了吗"。

为什么要用"吃"来打招呼?为什么这句问候语今天很少听到了呢?可别轻看了这个极平常的问候语的变化,它可是承载了中国人民数千年来一个最简单的心愿。

这个简单心愿与一个字有关,这个字就是"食"。而这个"食"字又与另一个字紧密相连,这个字就是"天"。这里的"天"字有两层含义,一是指重要性。在传统中国人眼里,天是最大的存在。因此,如果某事被喻为天大的事,它就是最重要的了。早在2700多年前的春秋时期,中国就有"民以食为天"的说法,意思是吃饭是老百姓的头等大事,从而也是国家最重要的大政方针。

"天"的另一层意思是天气、自然条件。历史上中国靠农业立国。传统的农业基本是靠天吃饭，但这个"天"很不可靠：中国的地理位置和气候特点，决定了降水过分集中在夏季，春旱、夏涝现象严重；冬季寒冷干燥，对农作物等生长不利，寒潮带来大风、冰冻等恶劣天气也经常造成歉收。据统计，从公元初至19世纪，仅在汉民族集中居住的18个省区，就计水灾658次，旱灾1031次。这对靠天吃饭的农业种植来说是致命的。另有学者统计，3000年间中国发生的大灾荒达5000多次，粮食产量极不稳定，有丰年丰产，也时常有灾年闹饥荒，"饿殍遍野"史不绝书。

粮食不足，经常挨饿，导致国人产生了一种对"吃饭"的天然焦虑，对吃饱饭的自然需求。这造就了常挂嘴边的独特问候语。见面互相问一句"你吃饭了吗"，成为中国乡土一种最温暖的关怀。

那些"还没吃"的日子

与"吃了吗"相对应的,自然就是"还没吃"。

古代中国,使中国人吃饭成为问题的,不仅有天灾,更有不合理的社会制度带来的人祸。

"富者田连阡陌,贫者无立锥之地。"这出自1900多年前班固的《汉书·食货志》,是对中国古代社会贫富分化的生动写照。地主阶级对农民的残酷剥削、官府衙门的横征暴敛、频仍的战乱等,使得饥饿在相当长的时间里与劳动人民如影随形。"春种一粒粟,秋收万颗子。四海无闲田,农夫犹饿死",或许今天的很多"唐粉"并不知道他们所钟爱的盛世,也有如此凄惨的画面。

历史发展到近代,普通民众的吃饭问题依然没有完全得到解决。

民国时期的1936年,是经济状况相对比较好的年份,当年全国人均粮食占有量也仅为270公斤。

在农村,农民难得温饱。特别是春夏之交青黄不接的时候,贫苦的人家多以玉米面掺杂嫩树叶、榆钱、野菜充饥,遇上灾荒年头,谷糠麸子也拿来当主食。逢年过节才能吃上一点肉和鱼,能吃到的蔬菜主要有大白菜、红白萝卜等,枯菜季节多以咸菜、干白菜、萝卜干和酱佐食。在城市,一般人家多以玉米面、小米、高粱面为主要粮食。在民国后期,粮食更为短缺,物价的飞涨使得纸币的面值几乎毫无意义,人们买卖商品只好用衡器对货币进行称重代替。1948年6月,在上海买一个鸡蛋要24斤法币,一斤玉米面要100斤法币,许多居民得扛着好几麻袋的法币去买一点生活用品。

普遍的食品短缺导致营养不良,加之没有起码的卫生和医疗条件,致使人民普遍体弱多病,早衰早亡。新中国成立前,中国人的平均寿命仅为30岁左右。

据中国体育学者邓昔平的研究,"民国时期的中国大学生大部分体格有缺陷,眼病和听觉病、牙病最多。在国民党统治时期,能上大学的基本上都来自有产阶级,家庭条件比较好,而且受过相当的卫生与体育训练,体格健全者仍然这么少。那么贫苦国民的体格缺陷,就不堪设想了"。

遇上灾荒和战乱,更是难以果腹。1942年河南发生严重旱灾,紧接着是蝗灾,粮食几乎绝产,加上正值日军侵华,国民党政府自顾不暇,在政府赈灾不力的情况下,严重饥荒横扫河南。这个有着3000万人口的中原大省,四五百万人饿死,四百万人流离失所。2012年,著名导演冯小刚以河南大饥荒为背景拍摄的电影《一九四二》,再现了那段让人痛心疾首的历史。

1947年,上海市民用自行车载着一大捆钞票去购物。100元法币,在1946年能买1/6块固体肥皂,到1947年只可买1只煤球,到1948年8月19日只能买4粒大米。

1948年,上海市民用麻袋装钞票。通货膨胀的速度超乎想象。人们在饭店吃面,吃第二碗时,价格又上涨了。

当粮票还未成为收藏品

新中国 70 年的历史上,有一种独特的收藏品——票据。从普通的粮票、油票、肉票,到相对冷门的洗澡票、理发票等等,记载着一代人的生活。吃,自然是其中最为重要的部分。

1949 年新中国成立,为千百年来困扰中国人民吃饭问题的解决,提供了安定的社会政治环境。新中国成立后,在全国范围内实行了土地改革,两亿多农民分到了六亿亩土地,农民耕者有其田的千年愿景得以实现。亿万农民的生产积极性空前高涨,农业生产稳步提高,中国人民"吃得饱"的问题得到初步解决。

以粮食数据为例,1950 年,中国粮食总产量为 1.32 亿吨,人均粮食产量为 239.4 公斤。到了 1956 年,中国的粮食总产量已达到 1.93 亿吨,人均粮食产量首次突破 300 公斤,达到 306.8 公斤。

尽管新中国在吃饭问题的解决上取得了进步,但这个过程并非一帆风顺。20 世纪 50 年代中期以后,中国照搬苏联模式,在工业和商业领域建立起计划经济体制,在农村建立起人民公社体制。在这种体制下,铁路、矿山、冶金、煤炭、机械制造等重工业取得了很大进步,国家逐步建立起独立的工业体系。但在轻工业和农业方面,僵化的机制束缚了日用消费品和农业生产的发

山东省粮票。

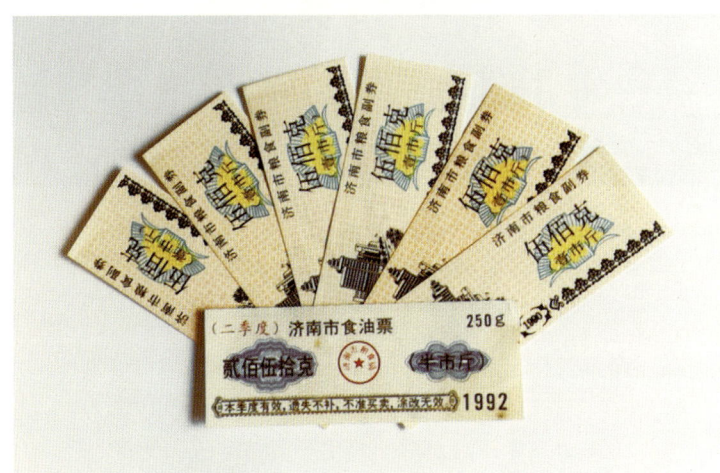

山东省济南市粮油副食品券。

1987年,贵州市民排队领肉票。(视觉中国)

展。为应对日用消费品和食品短缺，政府以户籍管理为基础，对居民食品供给实行计划管理。

当时，全国所有非农业户口的城镇居民家中都有一个半厘米厚的粮本。打开粮本封面，第一页上标记着家庭成员的姓名、年龄、粮食配给数额。普遍的情形是，成人每个月只能分到15公斤左右的成粮，儿童分到7公斤左右。这是勉强实现温饱的最低标准。

可供应的粮食品种也十分单调，粗粮多，细粮少，除25%至30%的小麦面外，其余皆是玉米面、高粱面等粗粮。在那个时期，粮本几乎同户口本一样重要，从一个城镇迁居到另一个城镇，既要办理户口迁移，也要办理"粮食关系"迁移，否则有钱也买不到粮食。

每个居民区都有国家经营的粮店。居民按粮本上规定的配给数额和品种购买米、面和其他成品粮，也可以申领与粮食配给数额相应的粮票，在购买食品时与货币一起使用。粮票分为全国流通粮票和在各省、自治区、直辖市内流通的地方粮票。居民领到的都是地方粮票，出行到其他省区，须持单位证明信去粮店用本地粮票兑换成全国通用粮票，以便在外省区购买食品。

粮食之外的食品统称副食品，即肉类、水产、蔬菜等。从1957年开始，国家印发肉票以限制城镇居民肉类消费。习食猪

1965年,江苏省南京市市民节日期间拿着猪肉票排队购买猪肉。(视觉中国)

肉的民族每人每月供应六两至八两，不食猪肉的民族每人每月供应牛羊肉一斤四两。重要的节日如元旦、春节等有鲜鱼供应，传统的节日食品如端午节的粽子、中秋节的月饼等也会在节日期间供给。

到1959年，大白菜、萝卜、葱、蒜、豆制品、粉丝、芝麻酱或花生酱、金针、木耳、调味品、蛋糕、糖块等各种副食品也都对城镇人口限量凭票供应。

如今，这些票据作为收藏爱好者手中一种独特的藏品散落在社会上，那是中国人从温饱迈向富足道路上的短暂插曲，已成为一个时代的符号。

鼓起来的"粮袋子"与装不下的"菜篮子"

"吃了吗"的问题一直持续到20世纪70年代末。

1978年中国拉开改革开放的帷幕。如奇迹般,中国人千百年来清汤寡水的餐桌,很快就丰盛了起来。大米白面做成的食品不再是节日里才有的期盼,曾经限量供应的肉、禽、蛋、奶争先恐后地走上了餐桌,曾经难得一见的天南地北的果蔬,也不再是偶尔解馋的奢侈品。粮票票证取消了,蔬菜大棚建起来了,农贸市场出现了,物产丰饶的日子到来了。在占世界人口五分之一的中国人民身上发生这样神奇的变化,不仅在中国几千年的历史上,在整个人类历史上也堪称奇迹。

中国政府和人民一定是做对了什么。做对了什么呢?

在农村,原来的人民公社体制转变为家庭联产承包责任制,打破了大锅饭制度。"交够国家的,留足集体的,剩余都是自己的。"农民的种田积极性被完全激发。《中国统计年鉴》统计的数据显示,1981年,中国粮食总产量为6500亿斤,而1982年、1983年、1984年则连续增加到7090亿斤、7745亿斤和8146亿斤,其增长幅度之大,前所未有。

农民的吃粮问题,就这样基本得到解决。

1979年,对于农民按政策要求销售给国家的粮食和油料等

四川省遂宁市蓬溪县红江镇白坪村村民正利用晴好天气在蔬菜基地收萝卜。（人民图片）

农产品，政府大幅度提高了收购定价；同时，对于农民超出政府定额销售给国家的部分，加价50%。这一举措再一次强势激发了农民的生产积极性。

随着粮食问题的基本解决，中国政府又出台强有力的政策鼓励其他农产品的生产和流通。从20世纪80年代中期开始，中国政府开始实施发展副食品生产保障城市供应的"菜篮子工程"。为支持蔬菜、水果、畜禽蛋奶、水产等产品的生产，大规模的种养殖基地建设在全国各地陆续展开。为了使生鲜食品快速摆上居民餐桌，更是开辟了运输"绿色通道"，并制定了相关的保障政

在山东荣成爱连湾鲍鱼养殖区,养殖工人在采收鲍鱼。(视觉中国)

济青高铁两侧的山东潍坊寿光蔬菜大棚。(视觉中国)

策。这些政策措施,既促进了农民收入的增加,又使得中国人民的餐桌越来越丰盛。

  政府通过正确的政策对生产和流通予以支持,但这只手的力量是有限的,更强有力的一只手来自市场。快速成长的消费市场,为持续增长的生产能力提供了进一步发展的空间。从1985年开始,中国政府逐步放开了农产品在市场上的自由贸易,让农民通过在市场上销售农产品而致富。在改革开放的浪潮中,中国特色社会主义市场经济体系逐步完善,中国的农产品与食品生产、加工、流通等相关的产业蓬勃发展起来。

"南袁北李"引领农业科技新时代

1973年,湖南省农科院,以袁隆平为首的科技攻关组完成了三系配套并成功培育出杂交水稻,实现了杂交水稻的历史性突破。

1979年,在山东莱州后邓村的一片农田里,只有初中学历的李登海凭借名为"掖单2号"玉米,创下中国夏玉米单产776.9公斤的最高纪录。

…………

一系列体制机制改革,解决的是"人"的问题,还有一个"天"的问题要解决,那就是通过科学技术的进步打破农业生产对"天"的过度依赖。

新中国成立之后,先后实施了1300多个农业研究项目,建立了完整的农业科技研究、教育和推广体系,旨在推动农业生产的科技化与现代化。

这些投入,伴随着改革开放激发出来的农业活力,也开始收获成果。新中国成立时的1949年,粮食平均亩产量为69公斤,到改革开放之初的1978年,已经上升到135公斤,增长了近一倍。

更大的发展是在改革开放之后。以"南袁(隆平)北李(登海)"为代表,随着杂交水稻、杂交玉米、矮败小麦、双低油菜等的研发和推广,主要农作物良种覆盖率达到95%以上。特别是杂交水稻之父袁隆平科研团队培育的超级杂交水稻,在2014年10月完成亩产一千公斤的目标,号称吨粮,创造了水稻单产的世界最高纪录。

特别令人感到欣喜的是中国科学家在"海水稻"研发中取得的重大突破。一般说来,土地含有的盐碱量超过0.6%,农作物就不能正常生长。海水的含盐率一般在3%—5%之间,是陆生植物的禁区。自20世纪30年代末开始,南亚和东南亚国家就开始探索培育适宜在海边滩涂生长的耐盐碱水稻品种,但是,亩产量只有一百多公斤,农民种植难以收回成本,这使其推广受到极大制约。2018年,中国农业科学家袁隆平院士率领的科研团队取得了海水稻亩产超过一千斤的惊人成绩。同年五月,海水稻在全中国范围内大面积试种。这种新型水稻,可以种植在6‰盐度的盐碱地和滩涂。中国有大约15亿亩盐碱地,300多亿亩沿海滩涂,其中的数亿亩经过改造后可以种植海水稻。这不仅可以使中国的大面积沿海滩涂和内陆荒漠得到有效利用,解决上亿人的口粮之需,同时还能帮助修复和改善生态系统。

在优良品种大范围推广的同时,各种农作物病虫害的预报和防治技术水平不断提高,大大降低了病虫害造成的损失。气象

袁隆平院士在查看超级杂交水稻长势。(视觉中国)

遥感技术、卫星定位技术得到广泛应用,使农业生产的可控性和事前干预的可能性不断提高。

在这一系列大发展过程中,我国农业科技进步贡献率,由改革开放初期的27%提高到50%以上。

家庭联产承包责任制、社会主义市场经济体系、政府的扶持政策、农业科技进步,像四轮驱动的飞车将中国人民从温饱不足带入了食物丰腴的新时代。改革开放40年,中国的粮食人均占有量从1977年的297.7公斤,上升到2018年的473公斤。

除粮食以外,肉类、禽蛋和水产品的供给,也得到极大的发展。从1985到1996年,猪、牛、羊肉的全国人均占有量猛增134%,水产品也增长了244%。到1997年,除了奶类和水果,其余"菜篮子"产品的人均占有量都已经超过了世界平均水平。

英国《经济学人》2018年发布的《全球粮食安全指数报告》显示,在被统计的全球113个国家中,中国居于全球第46位、亚太地区第7位。

重新爱上粗粮的中国人

当吃饱不再成为问题，国民不再为此忧愁时，"吃了吗"的问候语也就变得不合时宜了。只是，吃什么这个问题，却依然在"困扰"今天的中国人。

审视今天中国人的餐桌，我们会惊奇地发现，玉米饼子、高粱窝头、野菜团子、烤红薯……这些一度被白面与精米替代的粗粮，竟然再次成了餐桌上的新宠。不过，这一次不是因为细粮供应不足，而是因为中国人的饮食习惯在悄然发生变化。

1989年发布的《中国居民膳食指南》提出"谷物为主，适量蛋白"，2016年被修订为"平衡膳食、均衡营养"。吃惯了细粮的中国人开始注意合理的饮食搭配，曾经的"黑面"如今叫"全麦面粉"，价格反而超过精米白面，更受大众青睐，代表健康的绿色食品、有机稻米日益受到追捧。

在重新爱上粗粮的同时，民众对食品的精细化追求并没有结束。如今，食品加工不仅要营养丰富，还要有颜值有文化。

在山东，威海的网红大妈林红使用牛奶、鸡蛋和啤酒，加入果汁和菜汁制作的花饽饽，颜色鲜艳，形态各异，宛若艺术品！这样的花饽饽不仅在全国销售，还销往海外十几个国家，每年销售额超过千万元。

玉米窝头。（视觉中国）

　　在针对不同消费群体的食品加工市场上，产品分类也越来越精准，有老人面条、儿童食品等等。粮食加工食品越来越丰富，商店超市里形形色色的方便食品、冷冻食品琳琅满目；跨国食品、南北风味、反季果蔬等，想吃就吃。

　　当营养不足变成了营养过剩，减肥成为时尚，节食成了话题，各种减肥产品、健身教学充斥着电视荧屏……经历过半饥半饱的人们回头望去，恍如隔世，而现在的年轻人听长辈描述40年前的餐桌，会露出惊讶而难以置信的神情。这就是当代中国的现状。

1994年，美国学者莱斯特·布朗在《世界观察》杂志上发表文章，题目是"谁来养活中国？"事实已经给出了明确的答案，中国用7%的耕地解决了占世界20%的人口吃饭问题。

您在上面看到的中国人民的餐桌，是一幅从远处展示的画，接下来，让我们找些细节看看。

二

从『有啥吃啥』的食品店到『吃啥有啥』的超市

李大妈记忆里的"老三样"

李大妈是山东济南市某棉纺厂的一名退休职工，今年七十岁，身体硬朗，如今在家照看孙子，闲暇时间喜欢逛超市。

每天上午十点左右，李大妈便带好购物包，坐上公交车去附近的大润发超市购物。超市中一排排的货架食品琳琅满目，品种多样，应有尽有。

如果想吃西式甜点，有烘焙面包区，各类面包"现烤现卖"，有全麦面包、美式菠萝、椰子吐司、红豆吐司、奶油面包等，还有比萨饼、鸡蛋糕、奶油蛋糕等各式甜点。

想吃水果，这里有烟台苹果、台湾香蕉、新疆葡萄，还有远道而来的泰国龙眼、泰国榴梿、菲律宾凤梨等等；想买菜，货架上整齐摆放的有大辣椒、包菜、花菜、茄子、西红柿、黄瓜等等；想吃肉，熟食区的扒鸡、鸭脖、猪头肉、酱牛肉、干炸鱼、特色熏肉等，禽类区的生鸡、鸭肉，水产区的各类水产品如鱼、虾、螃蟹、海蛎子等等任她挑选；其他还有奶制品区、糖果饼干区、婴幼儿食品区、特色小吃区等等。

当然，还有满是国际范儿的进口食品专区，来自韩国、日本、德国、西班牙、法国、土耳其等国的粮油、咖啡、休闲零食、坚果炒货、干红葡萄酒、啤酒、巧克力、牛奶饮料摆满了层层货架，应有尽有。

　　从童年到青年，李大妈都是在计划经济时代度过的。那时候，城市没有今天我们熟悉的超市。粮食有专门的粮店，肉、蛋、奶、蔬菜等食品有专门的副食店。肉和蛋类很少，每人每月可购买半公斤肉或蛋，而奶制品几乎没有供给，蔬菜常见的是土豆、萝卜和大白菜等。这一切都是凭票证限量供给的。

　　上中学时，李大妈经常会跟随父母购买食品，对那时的食品店有着深刻印象。买卖时，售货员和顾客之间隔着一个一米高的台子，顾客不能自主挑选。购买货品后，售货员将商品装好交给顾客。

　　李大妈印象最深的，还是冬季到来之前必须储备的大白菜。那个年代的中国北方地区，冬天没有新鲜蔬菜，居民主要靠易于储藏的大白菜度过缺菜的冬季。到了销售大白菜的秋季，家家户户凭"冬贮白菜券"购买，然后用手推车或平板三轮车运回家。当时的居住空间非常紧张，根本没有专门的储物间，于是公共走廊、过道等处就成了贮存大白菜的场所。

　　李大妈至今记得当时餐桌上几乎不变的"老三样"：早饭玉米面窝窝头，午饭高粱面窝窝头，晚饭还是窝窝头。偶尔能吃到玉米面掺和小麦面粉的食品，就算是改善生活，遇节假日或招待贵客才能吃上一顿白面。在蔬菜淡季，李大妈的母亲主要靠腌咸

1982年，入冬前北京家家户户储备大白菜。大白菜是京城百姓过冬的主要菜品，所以冬天的居民家房前屋后、墙根楼前，都码满了大白菜。（视觉中国）

20世纪60年代，存储大白菜前需要晾晒，以防烂掉。（视觉中国）

菜让一家老小有下饭菜。有什么就吃什么，是李大妈对自己青春年代的记忆。

1981年,那个叫超市的新事物

在20世纪80年代出生的人的记忆里,小时候的供销社与小卖部,是最爱去的场所,而年幼时那高高的柜台总会阻挡视线,需要孩童们翘起脚尖才能看到心爱的零食。一手交钱一手交货,是小卖部的规矩所在。这种交易方式在20世纪80年代开始发生变化。

1981年4月12日,中国大陆第一家超市——广州友谊超市开业。等候在门外的人群涌进商场,他们新奇地发现,这里竟然没有柜台,顾客在货架之间自由穿梭,自己从货架上挑选商品,出门时再付款结账。一种全新的购物方式走进了中国人的生活,很快,超市在其他城市里纷纷涌现。

1984年9月30日,上海粮油食品超市开业,商场营业面积400多平方米,是当时上海最大的超市。1991年9月,上海第一家连锁超市——联华超市在曲阳中心商场开业,不仅购物方式十分便利而且货品极为丰富,以前要跑到市中心的食品店才能买到的货品,在超市里一次搞定。超市是产品丰裕的标志。在超市购物,票证肯定是用不到了。1984年11月,深圳在全国率先取消了所有票证,粮食、猪肉、棉布、食用油等商品敞开供应,全国的其他城市也陆续取消了票证制度。

1985年，北京西单繁忙的购物中心大厅。（视觉中国）

与票证制度相联系的是对于农产品的统购统销制度。1985年1月，中国政府宣布《关于进一步活跃农村经济的十项政策》，以合同定购和市场收购取代统购统销。粮食、棉花改为合同定购；生猪、水产品、蔬菜等自由上市，自由交易。这样，绝大部分副食品的价格被放开，蔬菜、瓜果、鸡蛋、家禽、肉类被摆上了货架；粗粮食品逐渐淡出，细粮成为餐桌上的主角；北方的菜市场出现了南方才有的新鲜蔬菜。果蔬市场、城乡农产品集贸市场、食品批发市场、超级市场等蓬勃发展起来，人们可以就近买到新鲜的、种类繁多的农产品。

农产品丰富了，数量满足之后，人们开始追求品质的提升。1997年12月，深圳建立国内第一家生鲜超市——民润超市，首创肉菜市场超市化模式，新鲜便宜的蔬菜、海鲜、肉制品等，满足了当地居民对新鲜食品的需求。此后，大大小小的城市相继开设了数千家生鲜超市。其中，福建的永辉超市、上海的华联超市、山东的银座超市、北京的超市发、物美超市、美廉美超市等都取得了巨大成功。超市逐渐取代了以往环境"脏乱差"的农贸市场，成为城镇居民购买生鲜食品的主要渠道。

随着中国经济更大规模地融入世界市场，国际化的购物体验逐渐成为中国人民日常生活的一部分。1995年，法国最大的食品零售商家乐福在北京开设第一家综合性大型超市。1996年，

上海普陀区西康路附近的一家盒马鲜生会员店内,前来购物的市民络绎不绝,店内颇为繁忙。(视觉中国)

美国最大的连锁零售企业沃尔玛在深圳开设第一家沃尔玛购物广场和山姆会员商店。同年，德国最大的零售批发商麦德龙在上海开设了第一家现购自运批发商场。

　　国外大型购物超市以其亲民的价格、琳琅满目的商品、舒适的购物环境、贴心的导购服务、一站式购物消费体验，极大地提升了中国民众的生活品质，也促进了中国本土超市的发展。1998年7月，来自中国台湾的"大润发"在上海开设第一家大型超市，此后大润发超市几乎遍布全国。进入新世纪，以大型综合性超市为代表的食品零售业发展更为迅速。据第三次全国经济普查数据，2013年批发和零售业法人和个体经营户数超过1900万个，是1978年的18.4倍，年均增长8.7%。过去是"有啥吃啥"的副食品店，现在是"吃啥有啥"的大超市。

手指一点 "想啥有啥"

山东临沂，宋峰逸把自家果园的梨打包，然后以快递的形式发送给顾客。他的水果遍销全国，甚至已经出口到北美市场。

新疆喀什，王丽华将新疆干果和当地的小麦打包寄回家乡济南，她希望在春节回到济南的家里时可以做出新疆味道的面食。

上海，崔洁喜欢上了江西脐橙。她打开手机的电子购物客户端，寻找合适的商家，下单，大约两天之后，新鲜的脐橙就能出现在她的餐桌上了。

村淘合伙人杨延（左一）正在帮助本村老人网上购物。（人民图片）

沈阳街头的外卖小哥。(视觉中国)

....

这是2019年，中国人的饮食已经彻底消除了地域的限制，甚至已经不需要走进超市去选购。这一切都得益于互联网的发展以及电子商务的普及。

1999年9月，当时的8848网策划了一场72小时网络生存挑战，12名选手绞尽脑汁，通过网络仅买到了永和豆浆……这成为中国电子商务的起点。这一年被称作中国电子商务元年。当年8月，易趣网成立；9月，阿里巴巴成立；11月，当当网上线。

2000年，中国网民暴增至890万，能上网的计算机有350万台，电子商务开始有了市场，很多我们早已无法记住名字的公司激情澎湃地进行着烧钱大业。这一年年末，阿里巴巴获得了2500万美元投资。

2003年，淘宝网成立之后的历史我们就很熟悉了，全国各地的特色食品陆续登陆各大网络电商平台，只要你想吃，随时可以体验最地道的美食特产。

到2014年，中国电子商务的发展已经非常成熟。阿里巴巴等中国电商企业开始向农村推广。农村淘宝的出现，打通了水果、蔬菜等农产品对外销售的最后环节，终于，我们在网络上可以吃到带着露珠的水果了。

曾经，电子商务受限于物流的发展，无法保证食材的新鲜。

但是，什么都抵挡不住一颗服务于"吃货"的心。如今每年初夏，烟台的大樱桃都会引发一场网络狂欢，得益于快递行业的迅速发展，在山东省内，早上下单，新鲜的樱桃晚上就可以到达"吃货"们口中。阿里巴巴、苏宁等电商平台先后投入生鲜食品行业的仓储与配送，彻底解决了电商的食品配送不新鲜的难题。

互联网的发展还催生了一个新的行业——外卖，更催生了新的关于吃的问候语。

以前中国人见面三连句："吃了吗？还没呢！一起去吧。"

现在中国人见面三连句："吃了吗？还没有！叫外卖吧！"

三 如何用7%的耕地养活世界20%的人口

粮食安全 中国政府的头等大事

用占世界7%的耕地，养活世界上20%的人口。新中国成立仅仅70年，曾经困扰中国上千年的吃饭问题，便得到了很好的解决。不仅要让人民吃饱，还要吃好，这是一项让国际社会称道的了不起的成就。中国政府与人民为此付出的努力，值得整个世界尊敬。

这种努力首先体现在中国一直把粮食生产和粮食安全当作政府的头等大事。自1982到1986年，中央政府连续5年发布中央一号文件，旨在推动农村改革，调动农民生产积极性，促进农村生产力的解放和发展，为粮食增产创造良好的政策环境。进入新世纪，从2004年至今，中央政府又相继出台了16个以"农业、农村、农民"问题为核心的中央一号文件，不断加大对粮食生产的支持，持续减轻农民负担和调动农民生产的积极性，推动中国农业发展。

在相当长的时间里，搞好农业生产和保障粮食安全，是中国政府对各级行政首长的责任要求。1995年，中国政府在年度工作报告中提出，要强化粮食生产责任制，指出"要坚持'菜篮子'市长负责制，'米袋子'省长负责制"。

"菜篮子"市长负责制，要求把保障人民日常生活消费的肉、禽、蛋、奶、菜供应作为地方政府的首要职责。为落实这一职责，要求城市的最高行政首长统筹调配人力、物力、财力，确保副食品的总量平衡，确保必需的菜田面积，建立起本地的副食品生产基地。

"米袋子"省长负责制，就是要求"省级政府必须保证稳定粮田面积，不断提高粮食单位面积产量，充分掌握商品粮源，建立完善粮食储备，管好用好粮食风险基金，适时组织省际粮食流通，严格执行粮食进出口计划，管好市场，确保供应和粮价稳定"。

省市地方首长负责制的推行，强化了地方粮食储备和副食品供应的责任机制。2015年1月，新一届中央人民政府又发布了《关于建立健全粮食安全省长责任制的若干意见》，决定建立粮食安全省长责任制，进一步强化地方政府及其负责人维护国家粮食安全的责任，包括"强化粮食安全意识和责任，巩固和提高粮食生产能力，切实保护种粮积极性，管好地方粮食储备，增强粮食流通能力，促进粮食产业健康发展，保障区域粮食市场基本稳定，强化粮食质量安全治理，大力推进节粮减损和健康消费，强化保障措施和监督考核"等十大项责任。新的政策措施有效地提升了粮食的生产和供给能力，改善了城乡居民的生活水平，保障了国家的粮食安全。

安徽濉溪农民喜售新粮。(人民图片)

河北邢台少儿创意画大赛倡导保护耕地。(人民图片)

要保证"米袋子"和"菜篮子",前提是保护耕地。2015年,中央政府提出了全面开展永久基本农田划定工作。各级行政首长都有确保本辖区内的基本农田不得改变用途的责任。2016年的数据显示,中国的水稻、小麦、玉米三大谷物自给率保持在98%以上,粮食人均占有量达到450公斤,高于世界平均水平。

2019年,中国中央政府再次出台政策,要求确保粮食播种面积稳定在16.5亿亩,确保全国耕地数量不得少于18亿亩,确保永久基本农田保持在15.46亿亩以上,确保2020年建成8亿亩高标准农田!显然,中国政府对粮食生产安全的重视从未松懈。

从"北大荒"到"北大仓"

"捏把黑土冒油花,插双筷子也发芽。"

中国东北的三江平原,是世界著名的三大黑土带之一,土壤肥沃,适合耕种。不过,在新中国成立之初,这里还是一片荒芜之地。

大型商品粮种植基地建设,一直是中国发展农业的重要措施。中国目前拥有九大全国性的商品粮基地,其中就包括黑龙江三江平原。新中国成立后不久,中国政府就开始组织力量对这片"北大荒"实行开垦。从20世纪50年代至70年代,大批复员转业军人、农民和知识青年奔赴这片土地。经过几代人的努力,粮食产量从开垦初期的0.048亿斤增长到2017年的421亿斤,"北大荒"华丽变身成了"北大仓"——中国最大的商品粮基地,一年生产的粮食就可供1亿多人口一年的口粮。

从东三省到珠三角,从华东太湖平原到四川成都平原,中国九大商品粮基地均匀地分散在中国最为富饶的平原地带,为丰富中国人的餐桌,保障中国国家粮食安全默默贡献着力量。

为了提升农业发展质量,中国政府一直致力于农业基础设施的建设。中国农业是灌溉农业,所以,水利工程是最重要的农业基础设施。

黑龙江黑河北大荒农垦集团总公司九三分公司尖山农场,农民正驾驶着大型收割机在田间采收大豆。(视觉中国)

黑龙江垦区,烘干玉米确保粮食安全。(人民图片)

从公元前256年到公元140年的近400年间,从郑国渠到灵渠,从都江堰到鉴湖,中国自古就不缺乏优秀的水利设施。即便是以漕运为主要功能的京杭大运河,也在一定程度上承担着农田灌溉的任务。

新中国甫一成立,政府就把"防止水患,兴修水利"提上国家日程。1950年,中国政府决定治理淮河。经过近70年的分步骤治理,治淮工程在流域上游共建水库5200多座,建成了淠史杭等灌区,灌溉面积由20世纪50年代初期的1200万亩增长到现在的1.1亿亩,占全流域耕地面积的55%。

其他一些大型水利工程也陆续兴建,其中最为知名的就是红旗渠。这个当时引浊漳河水入河南省安阳林县的水利工程,前后持续时间近十年,参与群众达到7万人。恶劣的自然条件成为阻碍红旗渠建设的最大障碍,修建过程中,先后有81位建设者献出了宝贵的生命,其中年龄最大的63岁,年龄最小的只有17岁。红旗渠的成功修建,彻底改善了林县人民严重缺水的恶劣生存环境,灌溉农田54万亩,解决了56.7万人和37万头家畜吃水问题,粮食亩产由红旗渠未修建初期的100公斤增加到1991年的476.3公斤。

在新中国成立70年的时间里,这样的水利工程还有很多:从1951年到1953年间建设的引黄济卫工程,灌溉着天津市、山东省、河南省等1500多万亩土地;1957至1960年建设的三门

魅力无穷的"人工天河"红旗渠。(视觉中国)

峡水利枢纽工程，使黄河下游沿黄地区70个市、县用上黄河水；1976年开工建设、历时近40年的引大入秦工程，灌溉着甘肃省近100万亩农田，使昔日荒漠变为万顷良田……

正是这些基础设施的建设，让中国的粮食种植一步步迈向高产，让越来越多的土地成为沃野。到2018年，中国已经建成的高标准灌溉农田达到5.6亿亩，有效保障了中国的粮食供应。

完成粮食产量提升之后，粮食储备问题被提上日程。早在1950年，中国就相继建立了国家、省级、地县等各级粮食局和中央公粮库，并由中央政府统一管理和调拨粮食。1952年9月，成立了中央人民政府粮食部，并提出了"储备粮"的设想，以应付饥荒和各种意外。1955年，"储备粮"由设想转为现实，中央政府开始从周转库存粮食中划出一部分作为储备粮。到1965年，约有60%的农村建立了集体粮食储备库，各个地方的粮食部门代替农村集体保管的粮食储备达20多亿公斤。20世纪90年代，中央、省级、地县三级储备体系逐步建设成型。2018年全国共有标准粮食仓房仓容6.7亿吨，简易仓容2.4亿吨，食用油罐总罐容2800万吨，总体达到了世界较先进水平。

更年轻的农民　更现代的农业

2019年，山东潍坊寿光三元朱村，90后青年王聪带着妻子回到村里，做起了"新农民"。两人回乡让老村支书王乐义感到惊讶。大学生回村种地，这在20世纪的中国是不可想象的事情。但是，在新时代的今天，这样的事情越来越多地发生在中国广阔的土地上。为了培养出愿意回乡投身农业高科技发展的年轻人，中国政府一直在努力。

1985年，中国首次提出鼓励城市各类科技人才到农村工作，开展农业科学研究，提供技术咨询服务；同时鼓励各大专院校为农村举办各种专业班，定向培养科技人才。

1986年，中国政府决定组织实施"星火计划"，使科学技术服务于农村经济，为此，投入了大量研发经费开发适用于农业和乡镇企业的成套技术装备，每年对农村青年和基层干部进行大规模技术培训。

2005年，中国开始实施"种子工程""畜禽水产良种工程"，并从这年开始设立超级稻推广项目。如今，超级杂交水稻之父袁隆平院士带领团队在中国推广超级稻达1.36亿亩，占水稻总种植面积的三分之一，比其他品种亩均增产137.6斤。

2008年，中国开始对高等学校农、林、水利类专业的学生

新疆塔城地区,番茄采收机正在裕民县向阳花种植农民专业合作社种植的制酱番茄地里采收番茄。(视觉中国)

甘肃省张掖市高台县黑泉镇十坝滩上,高台富鹏种植农副产品农民专业合作社的农户们正在晾晒红辣椒。(视觉中国)

给予专项助学金,对毕业后到农村从事农、林、水利专业工作的毕业生,实行国家助学贷款优惠政策。

2016年,随着互联网技术在农业领域的不断渗透,中国开始实施农业科技创新重点专项工程,重点突破育种、智能化的农机装备和农业基础设施、无公害农业等领域关键技术,大力推广互联网、物联网、云计算、大数据、遥感技术等现代信息技术在农业中的应用。

正如中国中央电视台《辉煌中国》纪录片中所说:"这几年国家下足了功夫,每年3万亿元的投入,正全面装备中国现代农业。新疆的西红柿正在丰收,全世界每4瓶番茄酱,就有1瓶来自这里。大型棉花播种机平均每台每天播种300亩,这是全球最快的棉田播种速度。五年来,'科技北大仓'成为中国现代农业的风向标,这里的粮食年产量超过300亿公斤,绿色、安全,可以满足1亿人一年的需求。"

新中国成立70年来,中国政府在保障人民的粮食安全和餐桌丰盛方面下足了功夫。从农村体制改革到乡村振兴战略,从合理控制农业税到全面取消农业税,从注重粮食产量到建立农产品质量和食品安全标准体系,从"菜篮子"市长负责制、"米袋子"省长负责制到粮食安全省长责任制,从粮食丰产科技工程到"互联网+"现代农业,从提出"立足国内资源、实现粮食基

新疆巴州,和静县巴润哈尔莫墩镇察汗乌苏村村民在晾晒番茄。(视觉中国)

本自给"的基本方针到构建"以我为主、立足国内、确保产能、适度进口、科技支撑"的国家粮食安全战略,从稳定粮田面积到现在严守耕地红线、划定永久基本农田……这一系列强有力的举措,使得中国人的饭碗从未在自己手里端得如此之牢,使得中国人的菜篮子从未如此充盈丰实。

"好日子是奋斗出来的",70年的努力,终于换来了如今"稻米流脂粟米白,公私仓廪俱丰实"的好日子。

四

吃在每一个有仪式感的节日里

从腊八到十五　最具特色中国节

在香港的鱼市,来自美国、爱尔兰和澳大利亚等国家的鱼类被香港市民带回家中;在吉林西部的查干湖,勤劳的渔民们凿开厚厚的冰面,开启壮观的查干湖冬捕;在北京,亚洲最大的蔬菜交易市场为居民提供春节必备的藕、白菜等各类蔬菜……

2016年,英国广播公司来到中国,拍摄了一组纪录片——《中国春节:全球最大的盛会》,记录了中国人迎接新年的各种

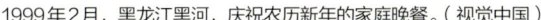

1999年2月,黑龙江黑河,庆祝农历新年的家庭晚餐。(视觉中国)

庆祝活动,而其中最重要的一个部分,便是中国的年夜饭。影片记录了天南地北的中国人,为准备这顿一年中最具仪式感的晚餐而进行的各类活动。

各式各样的年夜饭以及地方风味小吃,让参与纪录片拍摄的老外记者过足了嘴瘾。不过,他们未曾想到的是,中国有五大传统节日:春节、元宵节、清明节、端午节和中秋节,每一个都有约定俗成的饮食风俗,而春节也并非只有年夜饭是隆重的。

俗话说,过年过在嘴上。进入腊月,中国的家家户户就开始围着灶台忙活了。腊月八日喝腊八粥,二十三有祭灶糖瓜,二十五磨豆腐,二十六来炖肉,二十七宰公鸡,二十八把面发……从年前的腊月一直持续到来年的元宵,中国人的餐桌上每天都散发着香喷喷的年味。

最受重视的当然是除夕的年夜饭。在中国的历法中,旧年的最后一晚叫除夕,又称为大年夜,这天晚上全家人要围坐一起吃团圆饭。这是中国人一年360多天里最重视的一顿家宴。这顿家宴的饮食非常讲究,常常用食物寓意吉祥,表达着对美好生活的期盼。比如鱼象征年年有余,鸡寓意大吉大利,白菜象征财源滚滚,年糕寓意日子一年比一年好。

宴席过后,饺子上桌。饺子外形似中国古代的金元宝,这是年夜饭的主角。饺子从包到吃都传递着春节团圆喜庆的文化。

包饺子是一项全家齐上阵的集体活动，有剁馅的，有擀皮的，有包饺子的，大家边劳动边拉家常，其乐融融。

吃完饺子，人们彻夜掌灯，等着辞旧迎新的鞭炮响起，迎接新春的来临。对很多家庭来说，平时工作繁忙，吃年夜饭可能是一年中最整齐的大团圆。家人边吃边聊，分享生活琐事，洋溢着团圆的喜悦与欢乐。

春节半个月后的农历正月十五，又迎来了元宵节。与春节的家庭欢聚不同，元宵节是走出家门过的节。元宵节的夜晚是中国传统历法中的第一个月圆夜，大街小巷、家家户户都有挂灯笼的习俗，故元宵节又称灯节。

夜幕来临，街上灯火如昼，男女老少涌上街头，赏花灯猜灯谜看舞狮，很是热闹。在全民狂欢中，元宵节美食依旧表达着重视家庭的节日文化。在这个节日里北方人吃元宵，南方人吃汤圆。元宵和汤圆其实是一种食物，都是用糯米粉制成的圆形丸子。在中国古代宋朝就有了元宵节吃元宵的记录。宋代有诗云"星灿乌云里，珠浮浊水中"，形容的就是煮元宵时，圆嘟嘟的元宵浮在水上，犹如云中繁星灿灿。天上明月繁星，碗里汤圆，家家户户团圆相聚，共度佳节。

除夕饺子——除夕,回到父母身边,和家里人围在一起包饺子,聊家常,一家人在一起,团团圆圆,或许这就是最幸福的年味。(视觉中国)

吃在节日里　吃在千年文化传承里

在中国几千年的历史传承中，吃从来都不是一种单纯的生理需求。食品，尤其是节日里的特色食品，都有其渊源。发展到今天，这些节日饮食更是转变为一种独特的文化符号。

"清明时节雨纷纷，路上行人欲断魂。"清明，对中国人来说不仅是一个节气，还是一个祭祀的日子。这一习俗的形成与中国古代春秋时期的一位名叫介子推的忠臣有关。相传，春秋时期晋国内乱，晋国公子重耳颠沛流离，众随从都弃他而去，只有介子推追随左右，忠诚相护。断饮缺粮之时，介子推割自己身上肉为公子充饥。后来重耳成为晋国国君，对那些拥他上位的大臣论功行赏，唯独漏了介子推。介子推不争不抢，带着自己的老母亲隐居山林。国君重耳想起往事，心中有愧，请介子推出山做官而不得。为了逼迫介子推出山，国君下令放火烧林。大火烧了三天三夜，介子推守志不移，抱树而亡。重耳后悔不已，遂下令每年至放火烧山这一天，禁火寒食，插柳祭祀，纪念介子推。此后，清明节成为全国百姓的节日。每逢清明，人们不生火做饭，只吃事先做好无须加热的冷食。在北方，山西一带吃提前蒸好的枣糕，山东一带则有吃鸡蛋的习俗。在南方产米地区，人们吃青团。青团是采用青艾（有的用麦草汁）和糯米粉捣制再以豆沙为馅加工而成，能够保存三至五天，既能当祭祀供品，还能满足人们不炊而食的需求。今天的中国，禁火的习俗已经没有了，但清明祭祖扫墓和吃青团的风俗延续了下来。

到了五月初五，就到了吃粽子的时候。端午节吃粽子的食俗，传说是为了纪念先秦诗人屈原。屈原是战国时期楚国人，倡导举贤授能、富国强兵却屡遭迫害流放。楚国被秦国攻破后，忧国忧民的屈原抱石投身汨罗江，那一天正是五月初五。屈原的爱国精神感动了楚国百姓，人们纷纷涌到汨罗江边去凭吊屈原。为了防止鱼虾伤害屈原，人们用艾叶包米，用五色丝线缠好，投入江中，引开鱼虾。每年的五月初五包粽子的风俗就一直传承了下来。不过，制作粽子的材料南北不同，除香甜的糯米之外，北方多用甜枣，而南方则会制作有肉馅的咸粽。直到今天，这南北截然不同的口味到底哪一种更美味的争论，仍让年轻人互不相让。

在农耕社会，夏天是忙碌的时节，只有当粮食收割完毕，秋日来临，勤劳的中国人才能闲下来再次享受一下"花间一壶酒"的惬意时光。农历的八月十五，一家团圆的中秋节就到了。因为要团圆，所以连吃食都是圆的——月饼。月饼，状似圆月，又称圆饼，迎合人们面对圆月，思念亲人、渴望团聚之意。因此，中秋节也是团圆节，每逢中秋，家人团聚，品饼赏月，尽享天伦之乐。

端午包粽子。(视觉中国)

中秋月饼。(视觉中国)

生活可以拮据　节日必须隆重

无论是大年夜的饺子，还是元宵节的汤圆、端午节的粽子、中秋的月饼，都承载着中国人注重家庭亲情、期盼团圆的传统文化。不过，除了传统文化，国人对节日饮食的重视还有种说不清道不明的情结。无论平日里生活多么拮据，节日里的伙食，尤其是春节的年夜饭是一定要丰盛的，其中承载着人们对来年富足生活的期盼。

然而，新中国成立前，普通百姓终年生活贫困，节日里也难得改善伙食。旧中国流传一个说法，"富人过年，穷人过关"。穷苦工人、农民过年，面临还债和被解雇失业的威胁，还要为筹措全家过年的吃用发愁，视过年如过关。这些现象在当时的文学作品中都有映射。鲁迅在《祝福》中描写大户人家过年"杀鸡，宰鹅，买猪肉，用心细细地洗"，佣人祥林嫂却在除夕夜被视为"克夫"的不祥之人被赶出家门，冻死街头。在作家茅盾的《林家铺子》中，小商人林老板兢兢业业，谨小慎微，却在战乱动荡和苛捐杂税中破产，在春节前后陷入被逼债与逃债的困境。

二战期间美国知名记者杰克·贝尔登将在中国的经历记录在了《中国震撼世界》一书中，他写道："在过去的华北和现在的蒋管区，新年对于富农和地主是吃喝玩乐的喜庆佳节，但对于贫农和佃户却是忧愁难熬的灾殃。佃户们被迫出门东躲西藏，以逃避地主及其狗腿子追讨年关债。佃户要是不敢逃走，或是想留在家里过个团圆年，那么，为了还债，往往得把家里的东西抵个罄尽，只给老婆孩子留下糠皮，有时连糠都不剩。"在动荡病态的旧中国，喜庆的节日夹杂着普通人的苦涩、无奈和悲惨。

1949年新中国成立后，劳苦大众的生活水平有了极大提高。逢年过节，国家调配大量物资供应，使老百姓的节日餐桌得到了极大改善。

1951年2月18日的《人民日报》发表通讯《北京的春节市场》，报道新中国初期的北京春节市场。报道说："市内与郊区的人民购买力已比过去有提高。人们的生活变好了，比如东单市场代替摊商看守物品的工人，以前过年只能吃窝窝头，今年买了二斤肉，吃了三四顿饺子。北京发电厂的职工春节年货备齐了足够的食品佳肴。北京大学的食堂里，大饭厅百多张餐桌，纵横排列，主食为大米饭、白面馒头或面条等，不限量随便吃；菜肴是每人每顿两碗，均为肉、蛋、鱼等，菜品种类比较齐全，有宫保鸡丁、木须肉、土豆丝、烧茄子、红烧鱼等。"

1957年春节，《北京日报》描述了一户普通人家的年夜饭：

"几斤肉、一只鸡、一条鱼,加上点青菜、豆腐,够我们一家子快快活活地吃几天的了。"

中国人的节日也终于有了一丝普天同庆的味道。

日子好了节味变淡？都是吃惹的祸

改革开放让中国人的餐桌前所未有地丰盛起来，渐渐地，年夜饭的饺子桌旁不再有孩子们翘首期盼的身影，至于粽子、汤圆、月饼等节令食品，商家们绞尽脑汁翻新花样，但依然很难满足大众的味蕾。有人说，中国传统节日越来越没有味道，就是因为日子越来越好的国人对节日的饮食没有了期待。不过，这只是其中的一面而已。

前面的故事里讲到，从20世纪50年代末到1978年的改革开放之前，中国人民在追求富裕的途中走了一段弯路，那些年的节日饮食同样是单调的。北京丰台区方庄的刘大妈回忆，那时候冬天只能吃到有限的几样蔬菜，大白菜最常见，被称为当家菜。到了除夕，为了改善口味，刘大妈只好变换花样烹饪大白菜。节日里国家会增加一点供应种类和数量，比如多供应两斤糖果、三两瓜子和半斤花生，肉类也多供应半斤，有时根本缺货。至于鸡、鱼、豆腐，逢年过节才有少量供给。文化学者陈明远在《知识分子与人民币时代》一书中回忆了那个年代的"年关抢购"。"年关抢购"一般发生在春节前几天，"家家户户倾巢出动，青壮男子负责购买鱼肉、鸡、豆腐等重要的过年食品。这些货物平时很少见到，猪肉、鸡蛋每人凭证供应"。因此，年节期间熟人

南京湖南路上一家餐馆吃年夜饭的火爆景象。(视觉中国)

见面寒暄，会问道：年货备齐了吗？

　　中国走向改革开放后，经济活力一下子释放了出来，人们的生活水平"芝麻开花节节高"，节日饮食从吃饱到吃好，消费逐渐升级。这种变化在年夜饭上体现得非常明显。在宁波80岁的老人朱贤靖的记忆里，二十世纪五六十年代的年夜饭只有一两个菜，能从初一吃到初七。改革开放以后，鸡、鸭、鱼、肉成了年夜饭的主角。现在，鸡、鸭、鱼、肉被三文鱼、帝王蟹等进口高档海鲜取代，成为年夜饭新宠。

　　从一碟白色粉条，到豆芽白菜一清二白；从鱼肉上桌到荤素齐全、中西搭配，2018年，中国国家博物馆展示的一组百年中国年夜饭变迁的图片，展现着国人节日饮食的改善。而年夜饭必备的除夕夜饺子，从形式到内容也在变化着，饺子皮从掺着玉米面的杂面，发展到白面，到如今的上等专用饺子粉；饺子馅从素到荤，只有想不到，没有不能入馅的。

　　与饺子一样，中秋的月饼、元宵节的汤圆、端午节的粽子也在全面升级。拿月饼来说，在江西萍乡人万成的记忆中，小时候中秋节吃的月饼是农民用自产的小麦打制的，硬邦邦的口感不好。如今的月饼，按产地分有京式、广式、滇式、潮式、苏式、台式、港式等，按口味有甜味、咸味、麻辣味；月饼馅更是五花八门，果仁的、水果的、荤的、海鲜的、蛋黄的，市场上每年都要推陈出新，造型百变。

改革开放前的人们怎么也想不到，40多年后，节日饮食又"倒回去了"。大鱼大肉在节日的餐桌上备受冷落，甚至遭到"嫌弃"。京东到家发布的《2018国民年货消费大数据报告》《年货报告》显示，解荤祛油的青菜位列年货餐桌最受欢迎菜肴第一席位，其次是土豆、番茄。

节日饮食不光改变了内容，连形式也发生了变化。在过去，年夜饭可不是一天做出来的，从腊月开始就要围着过节饮食忙活。可在2017年除夕当天，全国有近40万个家庭选择在餐厅吃"年夜饭"，自己动手都免了。

有人说，没有了以前对节日饮食的期待，如今过节的气氛越来越淡了。其实，不是中国人不重视节日了，而是曾经是节日重头戏的饮食功能下降，人们对节日的饮食期待消失了。如今，人们更愿意去体验丰富的文娱活动，与亲朋好友相聚交际或者选择放松休息来欢度节日。相比以前对吃的重视，如今人们更在乎节日的团聚。因此，每到年底，中国会出现地球上规模最庞大的人口大迁徙——春运。2019年春节前后一个月内中国出行人次达到30亿！是中国总人口数的两倍多。天南海北的人们在想尽办法赶回家，与家人团聚吃团圆饭。

节日饮食角色的改变，显示着中国沧海桑田的巨变。难怪

BBC《中国新年》纪录片华裔记者陆思敬赞叹"中国是个伟大的国家,我为她自豪"!

五

一地一风味 犒赏你的胃

鲁菜：大肠与海参的孔府论剑

出门在外的山东人经常会被人递上"灵魂一问"：山东除了煎饼卷大葱，还有什么？当然还有鲁菜。

鲁菜，贵居中国八大菜系之首，让很多兄弟省份颇为不服。即便是山东人自己，虽然每每被人问及鲁菜的代表菜为何时，难免摆出一副不屑的神情说一句：九转大肠、葱烧海参。但是私下里也难免嘀咕，毕竟就今天的市场占有率来讲，鲁菜的确是一个缺少足够影响力的存在。但是，这并不能遮蔽鲁菜在中国历史上的地位。

鲁菜源远流长，早在先秦时期就已现雏形。山东地理位置独特，中西部有广阔的平原、湖泊、山地，盛产品质优良的禽蛋、瓜果和蔬菜；胶东地区临近海洋，海产丰富。不同区域的物产不同，所以因地制宜形成了不同特色的流派：擅长烹饪海鲜的胶东派、气派豪华的孔府派、注重火候的济南派，擅长制汤的淄博派。这"四派并立"的格局，大概也是山东人自己都搞不清鲁菜到底是什么风味的原因所在。

鲁菜能驾驭旺火，擅长爆炒，最有名的火爆燎肉，锅内都能燃起大火，场面非常壮观，堪称一绝。鲁菜的颜色深，味道以咸鲜为主，除了用盐，酱油和甜面酱也可以成为咸味的主要来源。山东盛产的葱、姜、蒜是必备的调味品,葱烧海参这道名菜就少不了大葱的功劳。鲁菜还有其他各类海鲜的制作,像油焖大虾、清炒花蛤,能最大限度地保留原汁原味。

说鲁菜不能不提"九转大肠"。作为鲁菜的代表之一,大肠需要选用肥美的大肠头,在热水中焯制,加上各种大料浸入味道,然后切段,油中放糖炒至枣红色,给大肠上色。这道菜出锅之后,色泽红亮,口感软嫩,能吃到酸、甜、苦、辣、咸五种味道。不过,这道大菜是否美味就要看个人口味了。

有三千多年历史的糖醋鲤鱼,究竟属于鲁菜还是豫菜,争议颇多,不过山东的糖醋鲤鱼与河南的糖醋鲤鱼还是有区别的。虽然正宗食材都是黄河的红尾鲤鱼,但在山东省会泉城济南,鲤鱼打捞上来之后要放到泉水中养一个周左右。清澈甘甜的泉水能够去掉鱼身上的土腥味。做好的糖醋鲤鱼要做到嘴开、腮开、肚开、鳍开,造型上宛若鲤鱼跳龙门,栩栩如生。

山东有句俗话:"无汤不成菜""当兵的枪,厨子的汤",说明了汤对于鲁菜的至关重要性。鲁菜擅长以汤调味,鲁菜大厨必须练就一门绝活——吊汤。汤汁一般分为两种:清汤和奶汤。清汤鲜而味美,奶汤白而味醇;清汤用于荤菜等高档食材,奶汤则用于时蔬和各种菌类。在老菜谱中,吊清汤需要备选猪前肘、鸡鸭肉、猪骨,放到锅中熬4个小时左右,此时的汤较为清澈,之

糖醋鲤鱼。(视觉中国)

后还要经过"红哨"和"白哨"两个关键步骤,也就是分别用剁成泥的鸡腿肉和鸡胸脯肉吸附汤中的杂质,同时还能将肉的鲜味和营养都融入汤中。制成的汤汁看似清水又不是清水,鲁菜的魂都在这里了。

徽菜:"徽"之不去的鳜鱼香

对于非安徽人来说,提起徽菜可能会一头雾水,但是如果说到臭鳜鱼,则会有恍然之感。唐代诗人张志和一句"桃花流水鳜鱼肥",不知让多少鳜鱼在千百年的时光里成为文人墨客的筷下美味。

用鳜鱼做菜的地方有很多,湖南有柴把鳜鱼,湖北有白汁鳜鱼,淮阳有枣泥鳜鱼,四川有干烧鳜鱼,上海有八宝鳜鱼,但名声都比不过安徽的臭鳜鱼。这个以"臭"字打头的美食怎么就成了国人的心头好?

在安徽,臭鳜鱼的做法已经有上百年的历史。据说当年的鱼贩要将长江的鳜鱼运至徽州,为防止鲜鱼途中变质,将其用盐细细涂抹,放到木桶中保存,过六七天后抵达徽州,鱼肉会散发出似臭非臭的味道,经过热油烹饪后鱼肉呈蒜瓣状,鱼肉鱼骨自然分离,鲜香无比,这鱼贩们无意间成就的美食便一直流传至今。随着航运业的发展,今天的我们可以随时吃上新鲜的鳜鱼,但是人们已经喜欢上了臭鳜鱼,于是安徽人还是会将鳜鱼放到木桶中腌制,花几天的时间等待那份独特的味道。现代科学发现,鳜鱼在木桶中腌制时会发生神奇的生物化学反应,产生大量的益生菌,有助于人体的健康,这又让人们多了一个

用传统手工技艺制作毛豆腐。(人民图片)

喜爱臭鳜鱼的理由。

除了臭鳜鱼之外,徽菜还有一绝,那就是毛豆腐。毛豆腐看上去很丑,因其表面上覆盖着一层细密的白色绒毛而得名。对于豆腐而言,变丑的过程便是一次新生,在时间的演进中,豆腐要完成一次脱胎换骨的转化——通过发酵将大豆蛋白转化成各种对人体有益的氨基酸。毛豆腐不仅营养价值高,吃到嘴里还有一股特殊的芳香。

徽菜不仅有臭鳜鱼、毛豆腐的异香，还有一品锅的醇香。一品锅是各种食材的聚会，当地人在重要的节日都会提前炖上一锅。红烧肉、蛋饺、豆腐果、笋干等备齐之后，一层一层地摆放进铁锅内，放到炭炉子上慢炖至少3个小时，各种滋味互相渗透，味道更佳。这道菜是安徽籍大学者胡适的最爱，他在美国工作期间，喜欢用一品锅招待美国朋友。后来人们为了纪念他，把这道佳肴命名为"胡适一品锅"。

安徽有句俗语："无徽商，不徽菜。"走南闯北的安徽人，走到哪里就把家乡的美食带到哪里。明朝中叶是徽商的鼎盛时期，徽菜也进入发展的黄金期，全国各地都能见到徽菜馆，徽菜在当时具有非常高的知名度。现如今，餐桌美食花样不断翻新，但是人们对徽菜的喜爱丝毫未减。

随着经济水平的提高，人们更加注重吃的品质，以前只有在高档餐馆才能吃到的徽菜，开始走入寻常百姓家。鱼咬羊、黄山炖鸽、问政山笋、清炖马蹄鳖等很多徽菜经典菜式都成了家常的美味。

粤菜：生活从一杯茶点开始

广东省离海近，盛产多种鱼虾鳖蟹，全年适宜的气候条件，使得这里物产丰饶。清朝屈大均著有《广东新语》云："天下所有之食货，粤东几近有之。粤东所有之食货，天下未必尽有也。"不论"生猛海鲜"还是"鸟兽蛇虫"，粤菜的食材真是广博奇杂，天上飞的，地上跑的，水里游的，都可以拿到餐桌上。

不过，如果你就此以为粤菜简单粗暴，那就错了。虽然广东人食谱广泛，但实际上，广东的美食或许是各大菜系里最精致、最小清新的，例如各式各样的广式茶点；广东还是爱粥人士的天堂。

粤菜的做法非常精细，在保持自己独特风格的基础上，博采众长，大胆创新，款式多样。统计显示，粤菜品种能达到5000多种，其中点心就达到800多种。面对这么多的选择，广东人一天二十四小时都可以从容地沉浸在吃的氛围中。

饮茶文化是粤菜文化的重要组成部分。提到粤菜往往要从茶说起，"忙里偷闲，饮杯茶去"已经是广东人的生活习惯，早茶、午茶和晚茶，只要有点空闲，人们都会把喝茶当作消遣。不过喝茶少不了各种晶莹剔透的茶点，茶点才是真正的主角，虾饺、烧卖、流沙包、凤爪……种类多样的小吃和制作精美的点心

一盅两件是广州早茶的特色。广州人饮早茶,有人当作早餐,一般是全家老小围坐一桌,共享天伦之乐;有人喝完早茶即去上班;有人则以此消闲。(视觉中国)

丰富了广东人的饮茶文化，也构成了粤菜发展演变的基础。

在粤菜的烹饪区域中，一定要有烧烤间。经过烧烤的食物有多种口感层次，外面酥脆，里面软嫩。烧烤的火比较旺，需要在炭火旁不停地转动食材，确保均匀受热上色。在重要的节日和场合，烧乳猪是餐桌上的头牌菜，寓意红运当头，吉祥如意。还有一些经典的粤菜比如烧鹅、脆皮乳鸽、广式叉烧等，都采用了烧烤的方法。

粤菜在调味方面有自己独特之处，虾酱、蚝油、鱼露、海鲜酱等用海鲜做成的调味品能够提高食物的鲜味。水果也可以直接入菜，菠萝、杧果、柠檬、荔枝等可以赋予菜品鲜、甜、酸等各种口感，最有名的有菠萝咕咾肉、香杧鸭卷、西柠煎软鸡等。据说英国前首相布朗最喜欢吃菠萝鸡，在第一次尝试之后，便欲罢不能，每次必点。

粤菜还享有极高的国际知名度。早年分布在世界各地的华人中有很多都是广东人，他们把粤菜馆开在了世界各地，生意非常火爆，即使在异域他乡也能独领风骚。

川菜：有辣的生活才巴适

"在四川，没有什么事情是一顿火锅解决不了的，如果有，那就两顿。"

川菜的魅力究竟有多大？看看遍布全国的川菜馆和菜馆门口每每排起的长队就知道了。

在中国，能吃辣的地方有很多，但是在四川，人们将麻与辣结合在一起，发明了一种新的味型，也打造出了红红火火的现代川菜。辣椒和花椒的相遇，是一种奇妙的缘分，碰撞出无与伦比的美妙滋味。四川人用"嘴巴跳舞，舌头打鼓"来形容吃完麻辣滋味的酣畅淋漓。

"食在中国，味在四川"，说的就是川菜的味道独具一格。"一菜一格，百菜百味"，是四川人在历史中积淀的浓郁地方风味。其实，川菜的主料比较简单，但是味道却千变万化，重点在川菜大厨的独门绝活——调味。鱼香肉丝、鱼香茄子都没有鱼，但是有鱼的香味，这种香味是用泡椒、姜、蒜等调味品搭配出的一种复合味道。四川常年阴雨连绵，气候潮湿，因而四川人喜食姜、花椒、辣椒等辛辣之物，以祛除体内寒气和湿气。

在川菜中，将麻辣发挥到极致的，一定是麻婆豆腐。麻婆豆腐讲究麻、辣、烫、酥、嫩、香，不仅味道十分丰富，豆腐块的外观也很完整。这道菜看似简单，但是在炒制的过程中需要做到丝毫不差，蕴含了厨师们一丝不苟的严谨。

辣子鸡丁、椒麻鸡、夫妻肺片、水煮肉片等川菜也是麻辣中的经典，给人们留下很多美好记忆。被誉为"川菜之首"的回锅肉，做法统一，标准极为严格，主料要选肥瘦相间的二刀肉，配料需要用青蒜和郫县豆瓣酱。

郫县豆瓣酱是川菜的一大秘诀，被誉为川菜之魂，其味道纯而不腻、辣而不燥。在川菜大厨眼里，川菜必须使用本地的调

麻婆豆腐。（视觉中国）

料，不然做不出正宗的味道，所以，他们开在外地的饭馆也必须使用家乡的调味品。像二荆条辣椒、永川豆豉、清溪花椒，都是制作川菜必不可少的调料。

"在四川，没有什么事情是一顿火锅解决不了的"，充分说明了火锅在四川人心中的重要地位。四川人对火锅非常钟爱，不分男女老少，其消费群体范围之广、消费次数之多，是其他地方无法超越的。几个朋友围炉而坐，看着锅底的汤滚沸，将各种新鲜的菜品放入锅中余烫，捞起放入味碟中蘸食，这个味道让人终生难忘。

全国各地都有火锅店，但四川火锅是独一无二的。四川火锅调味多样，适合不同的人群，菜品有几百多种，应有尽有。在吃法上，四川火锅极为豪放，人们能吃得大汗淋漓，气吞山河，只有身临其境，亲自品尝才能体会。火锅发展到今天，已经不仅仅是一种菜型或是一种做菜方法，还是一种开放包容、兼收并蓄的文化，更代表了四川人的性格和品位。

在四川，没有辣的日子绝对不巴适。

成都川味火锅备受各地食客欢迎。（视觉中国）

湘菜：泡椒里"泡"出来的辣妹子

> 辣妹子从小辣不怕，
> 辣妹子长大不怕辣，
> 辣妹子嫁人怕不辣，
> 吊一串辣椒碰嘴巴……

如果你以为这里的辣妹子是指四川妹子，那就错了。在中国，如果有一个地方的人可以跟四川人比拼谁更能吃辣，那一定是湖南辣妹子。

如果说川菜讲麻与辣的完美融合，那么湘菜则把辣发挥到了极致。

因省境绝大部分在洞庭湖以南，故称湖南。湖南不仅有旖旎的自然风光，还有深厚的历史文化底蕴；这里多山多水，是著名的鱼米之乡，历史上就有"湖广熟，天下足"的说法。这里诞生的湘菜，就像湖南人的性格，火辣辣的。

提到湘菜，人们首先想到的必定是剁椒鱼头和红烧肉。剁椒鱼头是湖南人重要节日里餐桌上的必备，新鲜白嫩的鱼头表面覆盖着一层细碎的火红辣椒，被人们冠以红运当头的美好寓意。

当热气腾腾的剁椒鱼头放在眼前时，从视觉、嗅觉、味觉上都让人垂涎欲滴。

红烧肉是湘菜的招牌，也是当年开国领袖毛泽东主席的最爱，因此这款红烧肉被命名为毛氏红烧肉。它肥而不腻，瘦而不柴，甜中带辣，并且营养价值高，有很强的滋补功效，在湖南，很多高寿的老人都有吃红烧肉的习惯。红烧肉不放酱油，但是色泽红亮，主要的秘诀就是通过炒糖色来上色入味，这也是与其他红烧肉不同的地方。

在湘菜中，还有很多菜以"口味"命名，形成了著名的口味菜系列，如口味鸡、口味虾、口味牛蛙等，制作精细，辣味十足，听着让人怦然心动，吃起来更是全身通透。

腊味合蒸是湖南传统名菜，逢年过节，湖南人的餐桌上都少不了这道佳肴。这道菜需要腊肉、腊鸡、腊鱼三种腊味。这三种腊味需要一个月左右的时间进行熏制。为了使熏好的腊味去掉咸味，湖南人发现了一种不同寻常的方法——用盐水煮，这样能很好地稀释腊菜的咸味。食用时将腊味切好后放到锅里用干红椒和豆豉一起翻炒蒸熟。这道菜吃起来柔韧不腻，腊味浓重，还有健胃消食的功效。

当然，湘菜中的一款"香"遍天南海北的小吃——臭豆腐，更是挑战着中国人对于美味的想象力。这道以"闻起来臭，吃

腊味合蒸。(视觉中国)

起来香"横行天下的美食,让很多经营臭豆腐的店家打着"不臭不要钱"的招牌,吸引着大批美食爱好者。

苏菜：不食螃蟹辜负腹

"不到庐山辜负目，不食螃蟹辜负腹。"

说起以江苏省的简称命名的苏菜，首先要提到的肯定是螃蟹。自古至今，文人都爱美食，而能够让古代文人专门为其作诗，还声称"不食"便"辜负腹"的也只有螃蟹了。

翻翻历史可以发现，爱蟹的古人还真不少。《世说新语》中写道：晋人毕卓嗜酒，看见一盘螃蟹端上桌来，神仙也不做了，"右手持酒杯，左手持蟹螯，拍浮酒船中，便足了一生"。清代文人张岱说："食品不加盐醋而五味全者，无他，乃蟹。"《红楼梦》的作者曹雪芹也说："眼前道路无经纬，皮里春秋空黑黄。"可见对蟹之爱。

环视全国，阳澄湖大闸蟹便是中国的"蟹中之王"。每年稻熟时节，是大闸蟹最肥美的时候，全国各地的食客都翘首以盼，希望能够一品香泽。阳澄湖大闸蟹有很多独特之处，其蟹肉肥厚，口味鲜甜，青色的蟹壳不仅薄而且锃光瓦亮，蟹腿壮硕有力，肉质鲜美有弹性。20世纪70年代，柬埔寨西哈努克亲王到访苏州时，苏菜大厨就用大闸蟹制作了一款雪花蟹斗。这道菜外形美观，口感软糯清香，集中体现了苏菜做工的精细。

江苏美食，苏、扬二州。喜食大闸蟹的苏州人不仅仅会清

扬州清炖蟹粉狮子头。
（视觉中国）

蒸，还会将蟹鲜融入其他的食材中，演变出各种花样菜品，比如清炖蟹粉狮子头。清炖蟹粉狮子头也是扬州的名菜，用肥瘦相间的猪肉团成大丸子，放到水中煮熟，搭配蟹肉和青菜，吃起来肥嫩异常，香软可口，让人久久不能忘怀。

水系丰富、河网密布让江苏盛产各种水鲜，加之这里物产丰饶，饮食资源丰富，为苏菜提供了丰富的食材，一年四季都有符合时令的美食。

吴越文化的长期熏陶，更使得苏菜形成了制作精湛、色形雅丽的风格。据说，乾隆皇帝下江南最喜欢吃苏菜，当他提出想要吃鳜鱼时，厨师们花费了一番心思，将鳜鱼做成了松鼠的样子，因此得名松鼠鳜鱼，并一直流传至今。这道菜的精髓在于要把一条鱼做成栩栩如生的松鼠模样，这需要有技艺精湛的刀工。将鱼切好后挂上鸡蛋糊，放到油中炸，这个过程需要掌握油温，还要在热油中定型，炸好之后不仅要有头扬尾翘的造型，还要有外酥里嫩的口感、色泽金黄的外观，再调配一种油亮的糖醋卤汁，浇到炸好的鳜鱼上，嗞拉一声，像极了松鼠在欢叫。这道菜在很多外地人看来味道偏甜，这也是苏菜的一大特点。在很长一段时间里，苏菜在制作过程中都会加少量的糖，这不仅能够提鲜，而且更能激发出咸味来。

苏菜还有很多经典，如盐水鸭、叫花鸡、将军过桥、霸王

松鼠鳜鱼。(视觉中国)

别姬等。当一道道的苏菜呈现在眼前时,会让人感觉时光悠远,仿佛漫步在典雅别致的苏州园林,感受到的不仅是美味,更是苏菜独特的艺术和持久的魅力。

浙菜：在西湖畔向东坡寻一碗肉

苏东坡这个著名的"吃货"几乎吃遍了中国美食，但是唯一以他名字命名的美食，在浙江，成为浙菜中的经典菜式。

苏东坡来到杭州任知州，任职期间常遭大雨，湖水泛滥，庄稼大片被淹。他组织民众疏浚河道，整治西湖，护田修路，筑堤建桥，杭州百姓皆感其德。百姓闻知他喜欢吃猪肉，便于春节拜年时送他猪肉。苏东坡收到后，便指点家人将肉切成方块，做成红烧肉分送民众品尝。其独特风味令大家称奇，民众遂把他制作的肉称为"东坡肉"。

据说苏轼曾用寥寥数语概括出东坡肉的秘诀：慢着火，少着水，火候足时它自美。简短的描述让一道经典菜品跃然眼前。东坡肉在其他地区也广为流传，只是在做法上略有不同，充分说明了美食在传播过程中能够不断完善，味道也更加多样。

与东坡肉一样，中国长江三角洲南翼的地理位置，使浙菜富有鲜明的江南特色，尤其注重保持原料本身的味道，在外观上讲究形态清秀，造型优美。清朝时杭州才子袁枚就曾将自己多年的美食探索汇编成一本《随园食单》，详细记录了当时江浙一带的饮食状况和烹饪方法。其实，历朝历代，浙江都是文人雅士的荟萃之地，对美食的追求成为他们文化品位的一部分，给当地的

东坡肉。(视觉中国)

饮食文化深深地打上了他们的烙印,因此浙菜被誉为文人菜。

到今日,浙菜的种类多达几百种,而在东坡肉之外,国人最为熟知的自然是以杭州最知名的景点命名的菜肴——西湖醋鱼。据说,周恩来总理在杭州款待外宾时,必选西湖醋鱼。如今,天南海北的游客来到杭州,西湖醋鱼也是必点菜。传统的西湖醋鱼选用的必须是草鱼,并且挑选的标准比较苛刻,最好是长不过尺,一斤半左右。捕捞上来的草鱼需要单独放到清水中饿养几天。饿养是必不可少的程序,可以去掉鱼的泥腥味,使其肉质更加鲜美。制作西湖醋鱼对厨师的刀功要求很高，一条鱼必须用不多不少的七刀，这样的刀功需要长期积累。将切好的鱼放入锅中氽烫时必须要控制好火候和时间，这也需要厨师具有相当的经验。最后是调配酱汁，这道菜最独特的地方是不用油、盐、味精，而是用黄酒、米醋、淀粉、白砂糖调出酱汁，呈现出酸甜鲜香的口感。

浙江物产十分丰富，新鲜食材应有尽有，竹笋就是其中之一。清明前后是品尝春笋的最佳时节，夏秋季节鞭笋大量上市，而到了十月份之后，冬笋就陆续登场了。这里一年四季都有竹笋的身影，所以竹笋在浙江人餐桌上出现的频率相当高。做法也是多种多样，可以凉拌、煎炒、熬汤，或者做成笋干，可以储存很长时间。油焖春笋就是一道传统名菜，味道咸鲜带甜，美味可口，并且富含纤维，营养健康。片儿川是浙菜中一款著名的汤面，将笋片、雪菜、瘦肉做成浇头，散落在面上，让人们吃完之后回味无穷。

浙菜中有很多腌制的食物。人们通过腌制的方法保存鱼、笋和各种肉类，时间久了，就形成了一种独特的风味。鲞扣鸡就包含腌制的风味，也是杭州人春节时享用的硬菜。鲞和鸡切成片，码放到碗里后放到锅里蒸，使两种食物的味道很好地融合在一起，产生了一种复合的味道。

闽菜：佛闻弃禅跳墙来

闽，中国福建省的简称，位于中国东南沿海，拥有江海交汇和四面环山的地理优势，因而有得天独厚的物产资源。福建人也充分利用了当地的山珍海味，形成了别具一格的闽菜。

最能体现福建物产汇集的美食，当属佛跳墙了，有人将它比喻为"美食盛宴、文化大餐"。这道菜用料讲究，光是原材料就多达数十种，需要挑选海参、干鲍、鱼翅、瑶柱、鱼唇、猪肚、花胶等上好的食材。制作的工艺也极为复杂，光是泡发各种干货就要两三天的时间，还要用鸡鸭肉煲底汤，充分萃取其中的胶质和荤香。而这些也仅仅是准备工作，接下来要对食材进行分门别类的烹调。绍兴酒是必不可少的秘密武器，可以去除异味，然后靠各种食材的味道互相融合。最后用纱布将各种食材包好放到坛子里煨制，装入盛器中就大功告成了。看到这些丰盛的食物聚集在一起，没有人能抵挡住这种诱惑，难怪有人作诗说"佛闻弃禅跳墙来"了。

福建人擅长做各种汤菜。汤菜占到闽菜数量的百分之四十，故有"一汤十变，百汤百味"的说法。母鸡汤、老鸭汤、牛肉汤，甚至豆类、鱼骨也能煲汤。在一桌宴席上，汤的数量可能达到五六种，这是其他菜系望尘莫及的。闽菜厨师能将原汤的味道

佛跳墙。(视觉中国)

发挥得淋漓尽致,难怪人们把汤看成闽菜之魂。鸡汤氽海蚌被认为是闽菜汤菜中的典范。海蚌肉原本清淡,但是用鸡汤煮熟后变得醇香味美。

闽菜多酸甜口味,这与福建地区的气候有关。这里一年中有四个多月的高温时间,炎热天气里,人们的胃口一般都不是太好,酸甜的爽口特性,可以增加人的食欲。闽菜中的荔枝肉,就是酸甜口味的典型,老人小孩都非常爱吃。这道名为荔枝的菜,实际上并没有荔枝,而是因形似荔枝而得名,它的主要材料是猪肉和荸荠。将猪肉切十字花刀，然后再切成一块块的三角形，便于猪肉入味，并且便于做成荔枝的造型。做好的荔枝肉色泽红亮，酸甜可口。

闽菜的调味还有一大特色，就是用红糟做成各类风味美食。红糟不仅能够防腐，还能增香去腥。现在医学研究发现，红糟有活血化瘀、健脾消食、降低胆固醇的功效。在闽菜中，用红糟调味的菜品有很多，糟鱼、糟鸭、红糟肉、醉糟鸡都享有盛名。

中文有一个表示时间的词叫"功夫"；把长时间持续做某事叫作"下功夫"。由于制作精细，工艺复杂，闽菜一直被人们视为功夫菜、御厨菜，很难飞入寻常百姓家。但是在民间，我们可以发现各种风味小吃，让闽菜更加亲民富有活力，也为福建人带去了舌尖上的慰藉。

六 一城一世界 吃出中国味

西安：尝尽中华千古味

"有一座城市，它让人难以割舍；有一种怀念，它叫作曾经来过……600年的城墙如今让你随便触摸，西安的小吃足够让你变成吃货……"最近，一首《西安人的歌》在抖音视频App上异常爆火，这让西安这座网红之城，再次名声大震。

西安是中国陕西省的省会，坐落于中国西北渭河流域中部的关中盆地，曾是十三朝古都，现在是中国西北重要的经济和文化中心。得益于千年的文化传承与融合，西安的风味美馔不仅融合了中国内地的饮食文化特色，更兼有高亢粗犷的西北民族风。

作为美食城，西安给人的第一印象是餐馆林立。西安有各类餐厅，数量达2万多家，涵盖了世界各地的美食菜系，其中川菜菜系餐厅数量最多，达5200多家；各式火锅餐厅近4800家；还有2000多家西餐厅、1500多家东北菜系餐厅、800多家清真菜系餐厅、上百家日韩料理餐厅和东南亚菜系餐厅。天南地北的大餐小吃，构成了西安的美食大观园。

特色美食街是游客吃货们的最爱。西安的美食街多种多样，有经营回民饮食的大皮院，胡辣汤、牛尾砂锅、凉皮、酥肉、麻辣烫、炒面、炒饼、腊牛肉让人大快朵颐；拥有600多年历史的西羊市古街，是一条伊斯兰文化风情街，在此你可以感受到浓郁的伊斯兰文化与习俗,享受到烤羊腿、烤全羊、烤羊肉串、刘纪孝腊牛羊肉、刘家烧鸡、牛肉馄饨、老米家泡馍等美食;陕西人最爱的地道美食街洒金桥,从早市到夜市人流络绎不绝,这里最有代表性的美食是蛋菜夹馍,即将两个鸭蛋黄和一个煎鸡蛋夹在饼里,撒上点榨菜花生米,浇点秘制辣椒油,美味就此诞生;其他美食街还有面食天堂大车巷街、东木头市街、顺城巷街、五星街、建国路等。在西安这座美食城,不用做什么攻略,随意行走就足以满足口舌之欲。

若要给西安的美食论资排辈,恐怕很难,但要是论知名度,羊肉泡馍、粉汤羊血、饺子宴、油泼面这四种代表性的美食应当最深入吃货们的心。

羊肉泡馍最负盛名,当地人一般在早晨吃上一碗,因为它耐饥、暖胃,可以让人开启美好的一天。粉汤羊血是普通老百姓喜爱的美味。在西安这

油泼面。(视觉中国)

座古都里，不要小看任何一家路边不起眼的粉汤羊血小店，单是那朴实的就餐氛围，就已经让你口舌大动；它可能已经有几代人的传承，也经常会吸引众人到此排队等候。

中午喝完了粉汤羊血，逛逛西安城，晚上可以吃顿饺子宴。对于北方人来说，饺子是再普通不过的家常食品，可是西安人却将这一大众食品发挥到极致。有人曾说"一餐饺子宴，尝遍天下鲜"，更有人将其推崇为"千古风味"。相对于普通的水饺来说，西安饺子宴突破了常规的味道，增加了海鲜水果等馅料。此外饺子皮也有更加丰富的颜色，有番茄汁的红色、鸡蛋黄的黄色、巧克力粉的棕色，甚至还有墨鱼汁的黑色。吃完了饺子宴，如果你还意犹未尽的话，可以再来碗油泼面。俗语称：出门饺子回家面。这里的面，就是指面条。长长的面条寓意挽留回家的人多待几日，有"长长久久"之意。在西安，面的形态各异，吃法更是多种多样，西红柿鸡蛋面、臊子面、油泼辣子面、炸酱面……劲道的面配上各种滋味的汤和佐料，来上那么一碗，千年古都的生活滋味就都在里面了。

拉面师最快6秒钟拉成一碗面,现场如工厂流水线一样迅速高效,拉面师的动作如同技艺精湛的杂技表演。(视觉中国)

成都：悠闲生活从吃开始

在中国，如果要找一座城市，能够在饮食文化上与西安平分秋色，那一定非成都莫属。这两座移动时代的网红之城，在中国西部南北相望。与西安的千年古朴不同，成都时尚而前卫。巴蜀地区独有的闲适生活节奏，让生活在这座城市的人们最懂得生活的趣味，自然也最能挖掘出吃的魅力。更何况，这里自古就有"天府之国"的美誉，大自然丰厚的馈赠，让成都人吃不尽，享不尽。

网上曾经流传着一个段子：说一个外国小哥扬言一年之内吃遍全中国，结果五年过去了，他还没能走出四川。成都的餐厅之多超乎想象，仅在武侯区，就有6600多家餐厅；餐厅分布最少的都江堰市也有1600多家；各类餐厅总数达到了3万多家。

与西安一样，特色美食街遍布整座城市。历史悠久、商业气息浓厚的锦里，集中了老成都最具传统特色的美食，"糖油果子三大炮、张飞牛肉钵钵鸡"，让你一饱口福。有美食天堂之称的玉林街，各色酒吧在夜幕中低吟慢摇，它们与巷子里的火锅、烧烤、串串、小龙虾一起，毫无违和感。最具成都特色的老巷子祥和里，仅600多米长的小巷，被各色餐馆塞得满满当当，水煮鱼、无骨鸡爪、烤猪蹄、东北水饺、广东叉烧、猪肝面、涮羊

成都,号称"绝版老成都"的十一街。(视觉中国)

肉，等等，各色美食任你挑选。有网红街之称的奎星楼街，既有本地小吃，也有高档餐厅，这里的冒椒火辣串串香，称得上是成都辣味美食的一绝，会让你"毛焦火辣"。喜欢吃辣的吃货们绝对会享受其中。

这里还有宽窄巷子、同心路、文殊坊、建设巷、吉祥街……无论哪里，都能让你吃饱喝足，且流连忘返。

在成都数不清的美食街上，有三款最具代表性的美食：串串香、卤菜、冒菜。串串香也就是麻辣烫，是一种带有草根特性的小吃。成都的居民小区、菜市场周边，放眼望去，大街小巷犄角旮旯到处都是这样的串串小店。将蘑菇、藕片、木耳、火腿等能吃的食材穿成串，放到辣汤中烫熟就可以吃了。其好吃的诀窍首先在于辣汤调料的配比，其次是各种蘸料的食用。把烫好的串串裹上辣椒面搭配花生碎，放到嘴里，香辣四溢；当然你也可以蘸上香油、香菜、葱花搭配的油碟，香味浓郁，让人回味。

成都人买得最多的小食，恐怕要算卤菜了，因为它能让你一旦开吃就停不下来。卤菜的种类非常多，成都的老字号卤菜店里也总是顾客盈门，所以店家每天都要买进大量新鲜食材——猪蹄、猪尾、鸭胗、鸭舌、排骨、鸭头、翅尖等，经层层工序加工，制作出让人欲罢不能的美味。

冒菜是成都人的独创。"冒"就是用水煮，这里的水可不是清水，而是加入多种中草药和调味料配出的一种汤，这种汤奇香无比，据说还富含各种营养物质。人们可以根据自己的喜好选择荤素搭配。店家将各种菜肴放到漏勺，于冒菜汤中焯熟捞出，加上事先备好的汤汁、香菜、葱花、豆豉，搅拌均匀，菜就做成了。冒菜最讲究的吃法是加一个"干碟"，放入辣椒粉、食盐等调味料，蘸着吃味道更爽。冒菜不挑食材，老少咸宜，营养美味，深受欢迎，一如这座城市，恬淡而闲适，满满都是生活的味道。

天津：吃是一件严肃的事情

2017年，天津发生了两件"大事"。一是天津人最爱的煎饼果子成了市级非物质文化遗产，这就让到天津品尝美食的人，更有了一个必须吃煎饼果子的理由。也就是那一年，演艺明星黄磊的《深夜食堂》因为一套不正宗的煎饼果子遭网友吐槽，网络评分一度刷出新低。

对于做煎饼果子这事，天津人向来严肃认真，摊什么面糊，用什么果子，撒什么料，那是绝对讲究。至于被天南海北的人们发展出来的加青菜、里脊、烤肠，在天津人看来那都不叫煎饼果子。

从这一个简单的小吃上，就看到了天津人对吃的执念。也是这种执念，让天津这座城市的美食，有了一种别人学不来的独特质感。

作为美食城的天津有几个"多"。一是餐厅数量多。据2016年的统计，天津各类餐厅数量近1.6万家，其中火锅类的餐厅数量最多，达到了4240家；其次是川菜菜系餐厅，有2835家；还有2200多家的西餐厅、2000多家的日韩料理餐厅、800多家的清真菜系餐厅；其余还有上百家的西北菜、江浙菜、湘菜菜系餐厅等。

二是美食街数量多。建于1984年的天津食品街是中国规模最大的餐饮集中地之一。这里汇集了全国8大菜系，分别是以蓬莱香饭庄、华林酒家为代表的鲁菜馆，以津湘饭庄为代表的湘菜馆，以羊城酒家、潮州餐厅为代表的粤菜馆，以苏州得月楼为代表的苏菜馆，以峨眉酒家为代表的川菜馆，以浙江酒楼为代表的浙菜馆，以津闽餐厅为代表的闽菜馆，以古井大酒家为代表的徽菜馆等。此外，还有山西风味菜、天津本地菜、清真菜、宫廷菜、西餐等。毫不夸张地说，来到此处，便可尝尽天下著名美食。此外还有聚集了天津地道美食的古文化街，汇集日本、韩国、泰国等多个国家55种特色小吃的辽宁路小吃街，有聚集了回民传统小吃的西北角回民风味小吃街等等。

三是历史悠久的传统特色美食多。前面我们提到的煎饼果子，是天津的一张名片。有人说"煎饼满世界都是，但只有天津人能把一个蛋饼夹果子做出情怀"。在天津人的眼里，煎饼果子可以说是地位最高的早餐。一大早就能看到煎饼果子摊前排满了人。自己喜爱的美食当然也乐意分享给尊贵的客人，2018年6月在天津举行的中俄友好交流活动的晚宴上，俄罗斯总统普京就亲手制作了一个煎饼果子。

与煎饼果子一样出名的，是天津狗不理包子，它与十八街麻花和耳朵眼炸糕并称天津三绝。

天津古文化街,市民及游客排队品尝天津传统煎饼果子。(视觉中国)

天津古文化街,市民及游客观看狗不理包子的制作过程,品尝津味美食。(视觉中国)

"狗不理包子"这一有趣的名字,源自一段真实的故事。其创始人高贵友出生在清朝道光年间,因其父40岁得子,为求平安养子,取乳名"狗子",期望他能像小狗一样好养活。高贵友14岁时习得做包子的手艺,17岁便独自开了一家专营包子的小吃铺。他手艺好,做事又十分认真,从不掺假,制作的包子皮薄馅大油多,味香不腻,外形美观的十八个褶宛如一朵含苞的秋菊,因此生意十分兴隆。来吃他包子的人越来越多,高贵友忙得顾不上跟顾客说话,这样一来,吃包子的人都戏称他"狗子卖包子,不理人"。久而久之,人们喊顺了嘴,都叫他"狗不理",把他所经营的包子称作"狗不理包子"。

有着一百多年历史的桂发祥麻花是闻名全国的"中华名小吃"。桂发祥麻花因店面曾坐落在天津大沽南路十八街处,又被习惯称为十八街麻花。清朝末年,有一个叫刘老八的人在一条名为"十八街"的巷子口开了一家小小的麻花铺,此人不仅手艺好,选料也讲究。他制作的麻花,中心夹有一棵由芝麻、桃仁、瓜子仁、青梅、桂花、青红丝及香精水等小料配制的什锦馅酥条。麻花成型后,放进花生油锅里在微火上炸透,再夹上冰糖块,撒上青红丝、瓜条等小料,丰富了麻花的味道。

耳朵眼炸糕的生产同样有着一百多年的历史。清光绪年间,创始人刘万春以卖炸糕谋生,因他的店铺位于北门外窄小的耳朵眼胡同出口处,被食客戏称为耳朵眼炸糕。耳朵眼炸糕用糯米作皮面,用红小豆、赤白砂糖炒制成馅,以香油炸制而成。成品外形呈扁球状,淡金黄色,馅心黑红细腻,有"黄、软、筋、香"四大特点。耳朵眼炸糕曾是天津市政府招待贵宾的指定食品,老一代国家领导人如刘少奇、朱德、彭德怀等,外国国家元首如柬埔寨的西哈努克亲王等,品尝过后都交口称赞。

北京：吃不来老豆汁儿逛不了北京城

有这样一种说法，如果你能吃得惯老北京的豆汁儿，那你就在通往"吃货"的道路上前进了一大步。

在北京的老街巷里，最好使的不是手机App上的美食评论，随便一打听，热情的北京大爷大妈，就会给你指出最近最地道的北京美食小店，绝对实惠又美味。

红墙下的北京城，名胜古迹众多，饮食文化同样璀璨。汇集了天南海北美食的北京餐桌上自然格外丰盛，有传承千年精致气派的宫廷菜，有从大宅门里走出来选料讲究的官府菜，还有不胜枚举的传统民间佳肴。而最接地气的市井美味常常分布在街头巷尾，不经意间就能遇见，老北京亲切地称之为"碰头食"。

北京的美食街充满了厚重历史感。著名的前门大街位于京城中轴线上，明、清至民国时皆称其为正阳门大街，1965年，更名为前门大街。这里汇集着京城多家老字号餐馆，如全聚德烤鸭店、月盛斋酱肉店、一条龙羊肉馆、都一处烧卖馆等。它们代表着京城的饮食文化和饮食历史，也是外地人到北京必去的地方。

王府井小吃街是美食荟萃之苑，这里汇集了全国各地500余种地方名优小吃，堪称吃货们的"朝圣之地"。

平安大街既是一条历史文化韵味很浓的大街,也是一条美食街。这里有护国寺小吃店,豌豆黄、面茶、奶油炸糕、驴打滚、羊杂汤、豆汁儿等老北京小吃百吃不厌;这里有创建于1950年的峨嵋酒家,中国著名京剧表演艺术家梅兰芳曾在盛宴后提笔赋诗相赠:"峨嵋灵秀落杯盏,醉饱人人意未澜。应时识请培育广,良庖能事也千般";这里有复古闲适的白家铺子,里面的牛羊肉大包、碗牛肉、烤羊肉让你大饱口福。

北京的味道,也是文人墨客津津乐道的。在梁实秋先生眼中,能喝下豆汁儿的人肯定是个老北京,因为别的地方的人很难接受它的怪味。豆汁儿是用绿豆磨的,经过熬煮发酵之后带有一股子臭烘烘的味,喝到嘴里还有一股酸腐味,很难用词句形容。绝大多数老北京都对这个味有瘾,冬日的早晨,搭配辣咸菜和焦圈喝下去,直到满头大汗仍觉意犹未尽。

吃在北京,当然少不了享誉世界的北京烤鸭。正所谓"不到长城非好汉,不吃烤鸭真遗憾"。来自五湖四海的宾朋,在饱览北京的历史文化名胜之后,少不了会在烤鸭店排起长队,用舌尖品尝一下这座古都。北京烤鸭的美味首先来自北京鸭的品质,而北京鸭的培育已有600多年的历史。北京鸭的祖先是原产自中国南方的小白鸭,明朝时由从事漕运的客商带到北京。在北京特殊的山川地理、气候水文条件下,经数代人的努力,培育出了体

北京前门步行街上的全聚德烤鸭店内,厨师向前来就餐的顾客展示国家级非物质文化遗产:全聚德挂炉烤鸭技艺。(视觉中国)

北京大栅栏的全聚德烤鸭店厨师在为客人加工新出炉的烤鸭。(视觉中国)

型硕大丰满，背宽平，胸部突出且紧凑，构造匀称雅观的优质肉食鸭。烤制热源选用枣木、桃木等材料，需要大厨们一个半小时的精心烤制，外观饱满、色泽红亮、肥瘦相间、口感细腻的北京烤鸭方得新鲜出炉。北京烤鸭有京菜之首的称誉，这名号可真不是虚的。

北京烤鸭不仅味美，还承载着一段段外交佳话。《档案春秋》中记载，周恩来总理曾经有27次在全聚德烤鸭店设宴招待外国宾朋。当年宴请美国国务卿基辛格的时候，周恩来总理向他详细介绍了北京烤鸭的制作过程，还夹上刚刚片好的鸭肉，放到荷叶饼上，亲自示范北京烤鸭的吃法，这给基辛格留下了极为深刻的印象。曾经有外宾问起"全聚德"字号是什么意思，周总理解释道："全，即全而无缺；聚，为聚而不散；德，指仁德至上"。周总理一语道出中华优秀传统文化的精髓，同时也表达了中国"有朋自远方来，不亦乐乎"的好客之道。

七

民族美食　不一样的中国味

同样的原料，在不同的人群手中，会被调制出各种不同的味道，这大概是中国饮食最大的智慧。在广袤的中华大地上，除了一地一味、一城一味，还有会带给我们更多惊喜的少数民族风味。

在漫长的历史中，边疆各少数民族在与中原地区文化融合的同时，也保持着自己鲜明的特色。这种特色除了服饰、习俗、语言之外，还有饮食。在今天，特色鲜明的少数民族地区的饮食，早已发展成为中华饮食宝库的重要组成部分，吸引着"吃货"们纷纷前往。

提到少数民族饮食，人们首先想到的自然是新疆美食。在新疆这片广袤的土地上，盛产香甜可口的瓜果：哈密瓜、西瓜、梨、桃子、杏、无花果等等，最重要的是，这里不仅瓜果种类丰富，其口味更是冠绝全国，让人心向往之。

以葡萄干为代表的干果，得新疆的烈日和微风之功，褪去水分便于保存的同时又完整地保留其营养，可谓一举两得。

馕是新疆人的日常主食。新疆人尤其是维吾尔族人的家里，往往都有一个馕坑，用炭火烤热之后，便可以将成型的馕贴到里面，经过高温烘烤后，散发浓郁麦香味的馕就做好了。馕不仅口感酥脆，而且保质期特别长。最初新疆的馕用纯面制作，后来，人们把馕与干果组合，就创新出了一种全新的诱人食品。

新疆吐鲁番,晾干葡萄的荫房。(视觉中国)

新疆葡萄丰收了,吐鲁番葡萄沟的居民在葡萄架下弹唱起舞。(视觉中国)

馕坑还可以用来烤制其他美食，例如烤包子，当地人称其为"沙木萨"。包子馅料通常由羊肉丁、羊尾油丁、洋葱末、孜然粉、精盐、胡椒粉、清水等调和而成。焖烤而成的包子，其色金黄油亮，其味鲜香肉嫩，光想想肚子就饿了。

馕坑烤肉是另一道美食，将羊肉切成拳头大小，然后裹上蛋液、面粉、孜然等，做成肉串贴到坑壁上，半个小时之后就可以吃到外脆里嫩、鲜香美味的烤肉了。

手抓饭，通常是维吾尔族招待客人的食品，一般用大米、胡萝卜、洋葱、羊肉和羊排，加上孜然调料焖制而成，吃起来香咸可口。

让人念念不忘的还有新疆的面条，做法多种多样，有拉面、拌面、炒面等。特别是新疆拌面，俗称"拉条子"，顾名思义，面是用手拉扯而成的，将煮熟的拉面和蔬菜、牛羊肉一起炒制，营养均衡，色香味俱全。

令人垂涎三尺的还有新疆大盘鸡、香酥羊腿、馕包肉、烤全羊等。现在，在全国的很多都市，都能找到地道的新疆餐厅，店主在把新疆原汁原味的装饰风格搬到大江南北的同时，也总不忘请一对新疆俊男美女，给顾客送上一段地道的民族舞蹈。

走出天山，进入广阔的内蒙古草原，就可以品尝到中国蒙古族的拿手绝活——烤全羊，这是蒙古族在重大节日或宴请贵客时特制的佳肴。这道美味的传统做法一般只放盐,追求的是羊肉的本味,但是在不同民族的交流融合中,烤全羊的味道也更加丰富起来,游客可以根据喜好加入各种香辛料。烤好的全羊放到木盘中,皮脆肉嫩,鲜香无比。

蒙古族常年以放牧为生,饮食自然以肉类和各种奶制品为主。蒙古族在肉的吃法上豪放粗犷,除了烤全羊、烤羊腿,还可以连肉带骨放入水中炖熟,制作出一道原汁原味的手扒肉。按照

新疆哈密,鸡腿抓饭。(视觉中国)

新疆喀什老城,一个小朋友站在馕饼的摊位前,香味诱出了他的小舌头。(视觉中国)

蒙古人豪放的性格，怎么能满足于一餐只有一星半点的羊肉？蒙古大肉焖面肉量惊人，甚至可以从面中找到羊排，吃完肯定心满意足。

蒙古族在奶制品的做法上则相对细腻，通过发酵、加热、晾晒等方法将鲜奶变成酸奶、奶豆腐、奶酪、黄油、奶皮子、奶疙瘩等丰富的奶食。

出内蒙古草原继续向东，在中国的东北世代居住有朝鲜族，千百年来朝鲜族也形成了富有特色的民族饮食。朝鲜族的饮食以米饭和素食为主，打糕、冷面、五谷饭是朝鲜族最爱的几款传统美食，而与这些主食搭配的常常是各种蔬菜腌制的泡菜。将新鲜的农家蔬菜萝卜、白菜等用葱、姜、蒜、辣椒等调料涂抹均匀，放到罐子中密封腌制，整个冬天他们的餐桌上都不会少了这道酸辣的开胃菜。

中国西南地区是多个少数民族聚居地，各少数民族有着各自的特色民族美食，像彝族的"竹筒饭"、苗族的"打油茶"、傈僳族的"漆油炖鸭"、阿昌族的"酸辣谷花鱼"、怒族的"琵琶肉"等等，可谓精彩纷呈。

八

啤酒 可品可饮可狂欢

从"厌醴味薄"到非其不用

"白日放歌须纵酒,青春作伴好还乡。"
"葡萄美酒夜光杯,欲饮琵琶马上催。"
"劝君更尽一杯酒,西出阳关无故人。"
"花间一壶酒,独酌无相亲。"

要说中国的酒文化到底悠远醇厚到何种地步,仅从古诗文中弥漫的酒香就能嗅到几番滋味。国人对酒的喜爱,自古有之。不过古诗词中的酒,都是黄酒、白酒、葡萄酒、桂花酒、菊花酒等等,而独独少了啤酒。

不过在中国古代,也曾出现过类似麦芽发酵物的踪迹,被称为醴。成书于2500多年前的《吕氏春秋》中记载:"醴者以蘖与黍相醴,不也麴也,浊而甜耳。"然而醴最终未能在中国流传,原因可能如明代宋应星《天工开物》所言"后世厌醴味薄,遂至失传,则蘖法亦亡"。显然,还是酒精度更高的白酒、黄酒更符合中国人的口味。毕竟,就算是多少有点酒量的普通人,要只喝啤酒求一醉,难度也有点大,何况李白那种酒仙级别的人物。

一直到近代,真正的啤酒才随着欧风美雨进入中国。最初,国人也不适应啤酒口味。清朝驻外公使郭嵩焘是较早接触啤酒的中国人，他在1877年的日记中将啤酒形容为"苦酒"，称"在伦敦，人们用苦酒为他做行"。

还有一种戏说，国内最早喝到啤酒的是在北京东交民巷德国使馆修建草坪的中国工人。德国公使夫人看工人干活满头大汗，递过啤酒让其解渴。工人接过啤酒，喝了一口就吐掉了，吐槽其"色如马尿，味如中药"。因此在早期，啤酒也有"马尿"之贬称。

然而在西方文化优越感的加持下，在19世纪末20世纪初的一段时间里，国人中出现了"食必洋器，餐必西餐"的畸形文化模仿与追捧。民国著名学者胡朴安在《中华全国风俗志》中就曾记载了这一风尚变迁："昔日饮酒，公推柳泉居之黄酒，今则非三星白兰地、啤酒不用矣。"至此，啤酒逐渐被国人接受。

不过，在旧中国，喝啤酒只是少数人的特权，中国的啤酒生产也十分落后。中国第一家啤酒厂出现在1900年，俄国商人在哈尔滨建立了以自己的名字命名的乌卢布列希夫斯基啤酒厂（哈尔滨啤酒厂前身）。德国侵占胶东后，于1903年与英国合资创办了英德啤酒公司（青岛啤酒厂前身），随后各国列强纷纷效仿，德国人、日本人、英国人、法国人先后在上海、天津、沈阳等地建立啤酒厂。

20世纪初的青岛啤酒厂。这几座小楼建于1903年,现在是青岛啤酒博物馆的主体部分。(视觉中国)

中国人最早自建的啤酒厂是1904年在黑龙江省哈尔滨市一面坡镇建的中东啤酒厂,几年后又出现了哈尔滨五洲啤酒汽水厂、北京双合盛啤酒厂、烟台醴泉啤酒厂和广州五羊啤酒厂等。这些啤酒厂虽然是由民族资本投资建造,但发酵原料、生产设备等完全依赖进口,酿造技术也依赖外国人。在动乱时局下,无论外资啤酒厂还是本土啤酒厂,经营都极不稳定,产量很低。

新中国成立前,全国啤酒厂不到10家,集中在哈尔滨、青岛、北京、上海、广州等城市,年产量不足万吨。那个时候人们生活贫困,吃饭都成问题,更消费不起啤酒这样的高端洋玩意儿。所以,当时生产的啤酒十之八九供给在华外国人。

"吃蛤蜊，哈啤酒"的中国式爆发

中国企业复兴集团董事长郭广昌曾在《我和青岛啤酒的故事》中回忆：30年前，他长途骑行考察到青岛，当时的青岛啤酒还是凭票供应，是很奇缺的"大牌奢侈品"。为了尝到青岛啤酒，他饿了两顿，省出了饭钱，这才喝到了青岛啤酒。

今天，如果你有青岛的朋友，那你一定听他说过这样一句话：啥时候来青岛，带你吃蛤蜊，哈（喝）啤酒。

新中国成立后，国人对啤酒的喜爱程度有增无减。啤酒逐渐融入国人的日常生活，而啤酒业也有了真正的进步。

新中国成立伊始，政府便在恢复原有啤酒厂的基础上，新建了几大国有啤酒厂，如天津啤酒厂、武汉啤酒厂、宣化啤酒厂、南京金陵啤酒厂等。从1949年到1979年，全国啤酒厂总数达到90多家，啤酒产量达51.3万吨，比新中国成立前增长了70多倍。

啤酒供应背后是对国家实力的极大考验。在计划经济时代，粮食短缺，国力薄弱，啤酒供应有限，对很多人来说啤酒属于奢侈品。在当时，只在有啤酒厂或受西方文化影响的大城市，如青岛、哈尔滨、北京、广州、上海等才有啤酒的身影。而且，啤酒也是需要凭票购买。比如在青岛，啤酒每年仅在国庆节和春节定

1986年6月,北京,市民排队买生啤。(视觉中国)

期供应两次，每次每户购买不超过五瓶瓶装啤酒。

20世纪70年代末，青岛的市场上才有了不限量的散装啤酒。这种散装的新鲜生啤，通常是由装配车载水罐的汽车运输到各个饭馆。酒罐车未到，早已有啤酒爱好者提着暖壶、塑料桶排着长队等候，排一个小时队伍能买到的那都是幸运儿。后来，青岛市民直接用塑料袋装啤酒，直到今天还是青岛街头一景。

购买啤酒难的故事停留在了20世纪80年代初期。改革开放后，随着中国经济腾飞，啤酒才真正流淌进老百姓的酒杯中。首先是啤酒产量有了质的飞跃。国家放开了啤酒的生产和销售，允许地方自主生产，自行销售。为了进一步支持啤酒业的发展，1985年国家实行"啤酒专项工程"，拨款8亿元，地方政府自筹26亿元资金，再加上8000万美元的设备专用款。短短几年，地方啤酒厂遍地开花，全国几乎每个省市，甚至县城都开办了啤酒厂，地方啤酒品牌达到813家，其中，仅浙江省就有140多家。中国啤酒生产的工业化、规模化时代到来。光青岛啤酒一家，生产量就从1982年的5000万升跃升到1992年1.3亿升。1988年，中国的啤酒产量从世界第26位直升至第3位，仅次于德国和美国。2002年中国啤酒产量达到2386万吨，首次超过美国，至今稳居冠军宝座。

与产量增长同步的是啤酒消费量的突飞猛进。改革开放初期,中国人均每年消费啤酒10.3升。2015年,中国年人均啤酒消费量上涨到34.5升,相当于人均喝了69瓶啤酒。一时间,从大城市到小城市,从小城市到农村,从沿海到内地边疆,到处弥漫着啤酒的味道。在青岛的夜市上,人们吃蛤蜊,喝青啤;在新疆朋友聚会上,撸羊肉串,喝乌苏啤酒;在内蒙古大草原的旅途上,有雪鹿啤酒相伴;在西藏拉萨的宴席上,有拉萨啤酒畅饮。无论是街头排档还是家庭聚餐,啤酒成为必备酒水。一到夏天,街头巷尾无处不流淌着啤酒的清香。

与世界碰杯

改革开放之初,虽然中国的啤酒产业已经取得了较大发展,但是啤酒品类依然相对单一。这种局面在20世纪90年代得到了改变。

时任青岛啤酒厂厂长的梁同为,从国外考察回来后十分激动,因为在德国,他品尝到了一种口感更鲜爽的啤酒,那就是如今中国人夏天的最爱——扎啤。他当即决定把扎啤引入中国。有人担心扎啤造价高,不容易被接受。但梁同为坚定地认为,富裕起来的人们对啤酒要求会越来越高。果不其然,扎啤上市后大获成功。

中国今天的啤酒市场,早已不是瓶啤独霸天下的场面,生啤、熟啤、扎啤等啤酒品类名目繁多,啤酒品牌眼花缭乱,高、中、低档次啤酒随意挑选。在包装上,从单一瓶装出现了瓶装、易拉罐装、高档桶装,包装设计越来越走心、精致、时尚,甚至有了个性化定制。

进入网络时代,啤酒的购买方式也更加方便快捷。人们拿起手机,在各种电商渠道上购买来自欧洲、北美甚至泰国老挝的啤酒。青岛啤酒推出的"青啤快购"App,只需手机用户轻轻一点,即有商户抢单,把青岛啤酒快速送到家,省力又省时。啤酒的配送速度也越来越迅速，上午在青岛啤酒一厂生产出来的新鲜扎啤，下午就能在新疆的大巴扎上喝到。这是多么令人无法想象的生活变化！

人们更想不到，百年前还是一片空白的领域里，如今却有了与世界水平接轨、能够打入世界市场的国际知名品牌。中国第一家啤酒厂哈尔滨啤酒厂，在新中国成立后面貌焕然一新。2010年和2014年，哈尔滨啤酒两次成为FIFA世界杯的官方合作伙伴，是我国第一个赞助世界杯的啤酒品牌。

中国啤酒航母青岛啤酒的产品，已经登录全球100多个国家和地区，成为世界知名品牌。在美国，青岛啤酒早已走出了唐人街，走向了美国主流市场；在德国，青岛啤酒的鲜酿啤酒遍布德国每个小镇，且价格是当地普通啤酒的三倍。2011年，青岛啤酒在泰国建厂，迈出更加国际化的步伐。金星啤酒的广告在美国纽约时代广场亮起，英国酒吧摆放着中国的雪花啤酒。越来越多的中国啤酒品牌走出国门，走向世界。

中国巨大的市场体量和不断开放的市场环境，也在吸引着境外啤酒厂商。嘉士伯在中国的发展轨迹，颇能反映改革开放40多年来中国的变化。中国甫一开放，嘉士伯就试探性地把公司建在了香港，那时在中国内地，只有在五星级饭店才能喝到进口的嘉士伯啤酒。20世纪90年代，嘉士伯开始与大陆啤酒厂合

青岛啤酒节经典的"碰杯世界"雕塑。(视觉中国)

作，一方提供技术、品牌，另一方进行生产销售，效果不错。但随着中国本土大众啤酒异军突起，人们更接受价格低廉的啤酒，相对高端的嘉士伯啤酒遇冷，嘉士伯不得不把自己在上海的生产基地卖给了青岛啤酒。

　　转机发生在2001年，中国加入世贸组织后，外国品牌卷土重来。2006年，中国对进口啤酒实行零关税待遇。这一次，嘉士伯通过收购和兼并地方啤酒厂，深度加入了中国市场的竞争。新疆乌苏啤酒、重庆啤酒集团、拉萨啤酒、大理啤酒、黄河啤酒等都成为嘉士伯控股或参股的啤酒企业。如今，境外知名品牌早已齐聚中国，百威、喜力、嘉士伯、麒麟、朝日、胜利等都通过投资建厂或合资、合作等形式在中国设立生产基地，实现产品的销地产、产地销，使产品新鲜度更有保障。而富裕起来的中国人，对中高端原装进口啤酒越来越青睐。过去只能在专业进口啤酒店才能买到的欧洲、北美、东南亚原装进口啤酒，现在去一般的烟酒店就能买到。河南的进口啤酒批发商卢先生进口的啤酒种类繁多，罗列在"郑州进口啤酒批发仓库"表格上的进口啤酒种类达到700多种。2016年，习近平总书记与英国前首相卡梅伦在酒吧里喝的英国格林王啤酒，在中国迅速走红，成为畅销品。

狂欢,在开怀畅饮的夏日

纵观世界,生产者们对啤酒的定义,就是狂欢。

世界上最爱喝啤酒的德国人,创造了独属于啤酒的节日。

曾经,中国人只有出国才能感受啤酒节的激情与狂欢;如今,啤酒爱好者足不出户就有了畅饮狂欢的舞台。1991年,又是青岛啤酒,在青岛本地尝试性地举办了一次小型地方啤酒节会,未曾想大获成功。这也成为青岛国际啤酒节的开端,就此拉开了中国啤酒节的帷幕。

如今每年夏天,全国各地大大小小各种主题的啤酒节轮番登场,成为全民狂欢的季节。在巨大的啤酒帐篷下,不同肤色、不同国家的游客举着各式各样的酒杯相互触碰,鲜爽的啤酒成为世界语言。

啤酒节是巨大的嘉年华。从少男少女到耄耋老人,中国人往往全家出动,享受着国家经济腾飞带来的美好时光。啤酒发展到今天,从曾经的舶来品,一步步演绎发展成一种独特的中国式啤酒文化,并形成了自己的节日季,彰显出的是中国人越来越开放的心态、越来越富足的生活和越来越自信的精神风貌。

中国比较有代表性的啤酒节有:

青岛国际啤酒节。这是中国大陆举办时间最早、规模最大、

青岛啤酒节狂欢引爆夏日激情。(视觉中国)

知名度最高的啤酒节。从每年8月份的第二个周六开始，持续16天，至今已经成功举办了30届。青岛国际啤酒节是在中国改革开放的大背景下诞生的，从一开始就确定了"青岛与世界干杯"的主题，以开放包容的姿态拥抱世界。近三十年来，它的发展十分迅猛。场地从一开始的青岛中山公园，到占地300亩的崂山区世纪广场，再到如今占地1200余亩活动面积达80多万平方米的西海岸新区金沙滩啤酒城，还建设了世界上面积最大的啤酒主题广场。1991年第一届啤酒节只有一些本土啤酒代理商参加了展销和交流，而在2018年第28届啤酒节上，13个啤酒大篷汇集了德国、美国、捷克、西班牙等世界各地的200多个国际品牌的1300多款啤酒，世界各国最有名的啤酒几乎全部出现在啤酒节上供游客品尝。如今，青岛国际啤酒节是融旅游、文化、体育、经贸于一体的国家级节庆活动，是亚洲的啤酒盛会。贯穿节会的啤酒女神大赛、花车巡游和饮酒大赛被称为啤酒节三大王牌活动。

哈尔滨国际啤酒节。一般在每年的7月份举办。哈尔滨是地处东北亚中心地带的美丽城市，素有"东方莫斯科""东方小巴黎""音乐之都"美誉。这里也是中国第一桶啤酒的诞生地，拥有超百年的啤酒文化。1988年夏，哈尔滨举办了国际啤酒博览会，这是哈尔滨国际啤酒节的前身。至2019年，哈尔滨国际啤酒节已经举办了18届。每一届哈尔滨国际啤酒节都有不同的狂欢主题。2019年第18届哈尔滨国际啤酒节提前至6月20日晚开幕,首次选取哈尔滨太阳岛风景区为举办地。此次啤酒节推出"青春之夜""经典之夜""动漫之夜""摇滚电音之夜"等四大主题之夜,打造了啤酒花园区、水吧甜品区、特色摊位区和特色美食区四大狂欢区域,邀请海内外朋友举杯松花江畔,醉美冰城夏都!

大连国际啤酒节。由中国轻工业联合会与大连市人民政府共同主办。自1999年至今已举办了20届,其中前三届在北京奥体中心举办,2002年起移师大连。它是国内外知名啤酒品牌云集的行业盛会,享有"东方慕尼黑"盛誉。参节酒商除中国本土酒商外,还有来自德国、美国、俄罗斯、捷克、韩国、日本等国家和地区的商家,每年有30余家中外啤酒集团携带400余个品牌进行展示,全程吸引200余万海内外游客尽享美酒盛宴。

北京国际燕京啤酒节。燕京啤酒是北京本土啤酒的名牌。第一届燕京啤酒节于1992年6月6日开幕,日子的选择取"六六大顺"之意,此后每年6月6日定期举办。地点选在北京顺义奥林匹克水上公园,狂欢长达30天。燕京啤酒节实行"啤酒+"模式,将啤酒与文化、美食、音乐、娱乐等元素充分融合。如2016年的啤酒节,"啤酒+美食""啤酒+演艺巡游""啤酒+嘉年华""啤酒+文化艺术""啤酒+水景"等等。同时，啤酒节作为燕京品牌推广盛会，品尝燕京啤酒，展示燕京啤酒酿制工艺与文化是必备项目。在2019年第28届燕京啤酒节上燕京啤酒还推出了定制酒和新款"燕京八景"精酿。

西安啤酒节。时间地点不定，举办形式多样，与文化相融合。2015的西安世园国际啤酒节，节日主要内容包括啤酒节开幕式、国内外品牌啤酒、美食品鉴、国际名车展示、非遗文化展演、旅游工艺品展销、消夏灯展、摄影大赛、啤酒节形象大使选拔赛、万人相亲大会等精彩活动。

九

不出国门 吃遍世界

一切从胡椒、胡瓜开始

很难想象，失去了胡椒、大蒜、番茄的中国饮食会丢失多少经典的味道，尤其是对于以麻辣为生存之本的川菜而言。

中国地大物博，但不得不承认，中餐的丰富味道与文化，正是在不断吸收外来食材的过程中逐渐发展起来的。

公元前139年，西汉时期一位叫张骞的使臣开通了中国与中亚、西亚（汉代时期称之为西域）交流的贸易通道，虽然其主要作用是运输中国出产的丝绸，但是，来自西域的大蒜、胡荽、胡瓜、胡桃、胡豆、胡椒、胡萝卜等蔬菜水果正是借助这条商路，开始传入中国。这一说法的最为明显的证据，就是这些蔬菜水果大都带有"胡"字，这是因为中国内地人把西域国家的人称为"胡人"。

明清时期，来自美洲大陆的番茄、玉米、马铃薯、花生、腰果、南瓜等近30种食物逐渐传入中国，进一步丰富了中国人的饮食味道。

外来宗教文化的传入也极大丰富了中国的饮食文化。佛教传入中国后，佛教文化中的"斋戒"和"素食"教义促进了中国素食烹饪技术的发展，一些著名的寺院如北京法源寺、常州天宁寺、镇江定慧寺等都有制作精良的素菜扬名于世。在伊斯兰教传入中国后,"清静为本"的清真菜成为中华饮食宝库中的重要组成部分,以面食和牛羊肉为特色的清真饭馆开遍中国大江南北。

中国人把来自欧洲白人文化圈的饮食统称为西餐。西餐究竟如何传入中国,在今天已很难考证,其在中国的流行,现存较早的文字记载见于《清稗类钞》,书中称:"国人食西式之饭,曰西餐,一曰大餐,一曰番菜,一曰大菜。光绪朝,都会商埠已有之。至宣统时,尤为盛行。"

西餐实际上传入中国的时间肯定早于文献记载。早在17世纪,西餐便随着西方传教士来到中国。当时传教士利用西方的烹饪方法、食具等制作了"西洋饼"等食品进贡给中国的达官贵人。明末意大利传教士艾儒略曾撰写《西方答问》一书,书中简要介绍了西式的烹饪技艺和饮食习俗:"荤素等味皆用火食,鸡鸭诸禽既炙,盛诸盘,全置几上,以示敬客。主人躬自剖分,或令司庖者。每人各有空盘一具,以接专用,不共盘,避不洁也。又各有手巾一条敷在襟上,防汤水玷衣,且可用以净手。其席上亦铺白布,不用箸,只用叉勺小刀,以便剖取。"

1840年第一次鸦片战争后,中国大门被迫打开,英、法、美、德、俄等西方列强纷纷在中国设立租界。租界的设立使得西餐的传播范围大大扩展,西餐馆开始纷纷出现在中国的城市中,如上海福州路上的一品香、北京的六国饭店、天津的利顺德大饭店、广州的太平馆等。各西式餐馆，配有英、法、俄、德等式西菜，装饰典雅，布置舒适，色调和谐，清洁卫生，服务热情。每当夜幕降临，酒店里即宾客如云，觥筹交错，纵情豪饮，或为巴结洋人，或为消遣尝鲜，赶时髦、讲体面。西餐馆逐渐成为中国上层社会就餐的重要场所，其兴旺程度甚至在一段时期"器必洋式，食必西餐"。

到了民国时期，西餐馆在重庆、成都、武汉、哈尔滨等内地城市也发展了起来。1937年仅哈尔滨就有大小西餐馆260多家。据四川成都在1908年举办的第三次商业劝工会期间的销售统计，西餐销售收入为9230.8两白银，中餐为155557.6两白银，显然此时成都的西餐业已颇具规模，大有与中餐分庭抗礼之势。

当然，西餐最为流行的地方还是广州、上海、北京等大城市。在广州，西餐馆聚集于东堤大沙头、沙基谷埠以及陈塘十八铺一带。西餐烹饪技术的传播还促进了粤菜菜系的形成与发展，"食在广州"的美誉开始广为流传。在上海，西餐馆集中分布在黄浦江附近、南京东路、淮海中路等地，数量达到了上千家，比较著名的西餐馆有红房子西餐馆、天鹅阁西餐馆等。在北京，北京饭店、六国饭店、长安饭店等是当时著名的西餐馆，还成为民国高官显贵、外国公使就餐和社交谈判之地。中国近现代著名学者胡朴安的《中华全国风俗志》曾记载："六国饭店在中御河桥边，建筑壮丽，陈设华美，较之沪上汇中，殆过无不及。从前为外交团俱乐部，光、宣之交，清朝贵族，群学时髦，相率奔走于六国饭店，为外人点缀风景。实际上，则昔之间接以金店为纳贿机关者，一变而直接以六国饭店为交易所矣。民国以来，政客达官，宴集寓宿，均以六国饭店为大本营。实则六国饭店在京颇有政治上之集合势力，非仅图哺啜已也。无论何项调停疏通事件，比至六国饭店，则无不迎刃而解，何其遭际之幸也！"

吃一顿"老莫"就"灿烂"的日子

姜文导演的经典电影《阳光灿烂的日子》,曾描绘过这样一幅场景:主人公马小军想象中最牛的时刻,就是去老莫吃一顿西餐,喝一顿啤酒,听上一首《喀秋莎》。

马小军记忆中的老莫,或许只有地道的老北京人才有记忆,那是对西直门外莫斯科餐厅的"爱称"。新中国成立后,在中苏友好的氛围下,来自苏联的俄式餐厅在中国发展起来,其中最有代表性的便是位于北京西直门外的莫斯科餐厅。它于1954年开业,以经营俄罗斯、乌克兰、高加索等具有民族特色的西餐为主,建筑风格充满浓郁的俄罗斯情调,成为当时国家领导人接待外宾的重要场所。后来,它也成为老北京人的时代回忆,并被亲切地称为"老莫"。

那时候的"老莫"代表着时髦优雅的生活品质。因此,去"老莫"吃西餐成为那个年代北京青年人的一种时尚。

1978年改革开放后,西餐逐渐在中国普及。以法式大餐、意大利大餐为代表的西式正餐店和以肯德基、麦当劳为代表的西式快餐店在中国的数量呈现快速增长的态势,在中国的分布从北、上、广、深等大城市扩展到大大小小的县乡镇。

1983年9月26日,第一家中外合资的法国马克西姆西餐厅

建于1954年的莫斯科餐厅,以俄式菜肴闻名。(中新社)

在北京正式营业,中国的普通百姓不用出国就可以在这里品尝纯正传统的法式大餐,可以参加鸡尾酒会或者自助冷餐会,享受来自浪漫法国的异国风味。法式大餐闻名遐迩,在2010年11月还入选了"人类非物质文化遗产"。法式大餐的最大特点是选取世界各地的新鲜原料,如蜗牛、鹅肝、龙虾、牛肉、蔬菜等,配美酒以调味,香槟酒、葡萄酒、白兰地、朗姆酒等搭配不同的菜点，精细加工。

除了法国大餐，令中国人印象深刻和回味无穷的还有意大利大餐，不过，或许连意大利人都没想到，在中国最为流行的意大利美食是意大利面。意大利面吃起来既有嚼劲，又可享受由火腿、腊肉、蛤蜊、肉末、鱼丝、奶酪、蘑菇、鲜笋、辣椒、洋葱、虾仁、青豆和各色佐料组成的配菜，馨香可口。意大利的比萨饼也是"人类非物质文化遗产"，数千年的传承让这道美味有了历史的厚重感。

1992年，邓小平发表南方谈话后，建立社会主义市场经济成为中国经济体制改革的目标。同年，中国政府颁布了准许外资企业进入国内零售业的法令。对外开放和社会主义市场经济，吸引了众多外企来华发展，西餐在中国的发展进入快车道，并日益进入普通老百姓的生活之中。在20世纪90年代，上海、广州、北京、天津等城市，几乎每月都有新的西餐馆开业，甚至一些中餐馆也聘用外国厨师提供西餐服务。据中国烹饪协会西餐委员会2004年对各大中城市的调查，中国当时已有各类西餐企业1.4万余家，且以每年30%的速度持续增长，可供人们选择的西式菜系更是几乎涵盖了全世界各国的不同风味，有意大利比萨餐厅、德式餐厅、美式餐厅、法式餐厅、英式餐厅、美洲餐厅等等。若从食物原料的产地来说，全世界各大洲的特产都有进口。

走遍中国的大胡子爷爷与小丑叔叔

改革开放之后,西餐业在中国取得了巨大的发展,但是真正让西餐家喻户晓的并不是那些精致的法餐和高雅的意大利美食,而是来自美国的大胡子肯德基爷爷和小丑麦当劳大叔。

也只有以肯德基和麦当劳为代表的西式快餐(俗称"洋快餐")在中国的普及速度,能够追赶上中国改革开放的步伐。

1987年11月12日,打着"为外国人服务"旗号的第一家肯德基餐厅在北京前门开业。它占地面积1400平方米,上下有三层楼,是当时全世界面积最大的肯德基餐厅。虽然在价格方面并不亲民,如一块原味鸡售价2.5元,吃上一顿大概花10元左右,相当于当时中国普通干部月工资的十分之一,但这并不影响人们尝鲜的热情。独特的炸鸡风味、清洁卫生的餐厅环境、优质快速的用餐服务,使其一开业便赢得了中国消费者的青睐,当天销售额就达到了30万元人民币,开业头一年人流量就达到了1700万。

《纽约时报》曾评论道:"每天一到午饭时间,北京肯德基炸鸡店就门庭若市,排队的人里三层外三层。"

那飘着香气的炸鸡至今仍是很多人童年的美好回忆。肯德基一度成为北京市新的旅游景点。外来的游客逛完前门大街后,

1988年5月,五一假期期间,北京第一家肯德基快餐店门外,食客排起了长队。(视觉中国)

便必定去吃上一次肯德基，然后与门口的"肯德基老爷爷"留影纪念，当时一些北京青年人还将婚礼的地点放在肯德基，觉得这既时尚又有面子。

　　肯德基在中国的发展速度非常迅猛。据统计，2000年肯德基在中国各大城市的连锁店有400多家，2015年已经突破5000家。2016年3月8日，肯德基首次进驻拉萨。如今，近6000家肯德基连锁餐厅已遍布中国所有省份、自治区和直辖市。

　　紧随肯德基的步伐，麦当劳在1990年也进入中国市场，先是布局深圳，后北上北京，平均每年开店90家左右，到现在已拥有超过2500家门店。汉堡包、巨无霸等鲜明的汉堡王产品特色同样赢得了中国消费者的喜爱。"肯德基的炸鸡，麦当劳的汉堡"在20世纪末一度成为风靡中国的潮流饮食符号。

　　肯德基和麦当劳在中国的迅速发展与其不断创新产品、努力迎合中国消费者口味息息相关。1987年，北京前门的肯德基餐厅只提供8种产品，而现在顾客到餐厅至少有56个常规产品可以选择。特别是，肯德基在吮指原味鸡、香辣鸡腿堡、香辣鸡翅等代表产品的基础上，推出了适合中国人饮食习惯的安心油条、法风烧饼、老北京鸡肉卷、新奥尔良烤翅、早餐花式粥、葡式蛋挞、醇豆浆以及各种口味的饭食套餐。麦当劳同样如此。在20世纪90年代的发展过程中，麦当劳曾一直坚持"不会改变在

20世纪90年代,广州中国大酒店前的巨型麦当劳广告。(视觉中国)

中国的菜单，会始终坚持自己的特色卖汉堡"。进入21世纪后，面对肯德基等其他西式快餐的迅猛发展，麦当劳也终于迈出本土化的步伐，将菜单进行改动，更加注重中国消费者的饮食习惯，早餐菜单加入了像炒蛋、煎饼、豆浆、油条这样的中国元素。如今，肯德基、麦当劳等西式快餐遍布中国的大街小巷，它们和兰州拉面、黄焖鸡米饭、沙县小吃等中式快餐一道成为普通百姓的日常选择。

很多进入而立之年的80后青年们，会时常想起美好的大学时光，那时候的满足，或许就是去麦当劳吃上一顿汉堡大餐；那时候的午后美好时光，或许就是邀好友在肯德基一起喝喝咖啡聊聊天。那个可爱的长着白胡子的美国老头曾见证了80后青年的爱情和成长。如果你是城里人，肯德基或许也是你童年回忆的一部分。当你过生日或考了好成绩时，妈妈就会奖励你一顿炸鸡薯条，吃饱喝足后的你还可以在室内游乐场尽情地玩耍。作为"洋快餐"的肯德基曾是很多"80后"青春记忆的一部分。

中华美食的"输出"与"回归"

在世界范围内,受中国饮食文化影响最大的国家显然是日本与韩国,一个最明显的标志就是——筷子。

不过,虽然它们同出自中华饮食文化圈,但在长久的历史演变中逐渐形成了自己的风格。于是,韩国烤肉、日式料理在今天成功打入中国市场,成为年轻人的新宠。

改革开放后,较早引进韩餐的是与韩国隔海相望的辽宁大连、山东威海和青岛等地区。比如在青岛有著名的韩式料理店:位于香港西路的景福宫料理店、位于云霄路上的明荣烧烤店和平壤馆、位于青岛城阳区的韩一馆料理店和东古来料理店等。独特的韩国泡菜文化与山东的大白菜文化相得益彰,吸引了众多市民和游客来品尝韩国味道,像韩一馆料理店旺季日营业额一度高达3万余元。进入新世纪,韩式料理店迅猛发展,北京朝阳区的首尔城、平壤馆、乌竹轩,海淀区的权金城、东城区的金韩明太闻名全中国,上海也开了近百家韩式料理店。

韩式料理店的爆发式增长与20世纪末"韩流"文化在世界范围内的爆发有密切关系。1997年中国中央电视台引进了一部拍摄于1991年的韩国家庭剧《爱情是什么》,第一次引发了中国人追韩剧的热潮,中国"韩流"自此开始。此后,《蓝色生死恋》《继承者们》《来自星星的你》《太阳的后裔》等一系列制作精良的韩剧在中国的播出，都引起年轻人的狂欢。耳机里听着韩剧的主题曲，化妆发型和穿衣搭配上都在追逐着韩国范儿，在饮食方面自然也被韩式料理所吸引。

在日常生活中，韩国人必不可少的饮食便是韩国泡菜和烧酒。泡菜是一种以白菜、萝卜、黄瓜等蔬菜为主要原料，各种水果、海鲜及肉料、鱼露为配料的发酵食品，吃起来酸甜爽辣，是

韩国石锅拌饭与泡菜。（视觉中国）

韩国家家户户冬天必备食物。酒精度数不高的韩国烧酒，男女老少皆宜。在韩剧中我们常常看到剧中人物，开心或难过的时候都要到路边夜摊喝上几杯，那种随意的日常生活被年轻人看作洒脱的时尚。

光喝烧酒和吃泡菜是远远不够的，韩国料理还有很多特色食品，如石锅拌饭、炒年糕、韩式烤肉、鲟鱼炖豆腐、韩式冷面、全州拌饭、大酱汤、打糕、紫菜包饭、参鸡汤等。而在韩剧《大长今》中，韩国的各种宫廷美食更是轮番登场，鲍鱼内脏粥、五子粥、牛肉包的烤松茸、蒸醉虾、蟹膏松仁饭、鱼皮水芹卷、硫黄鸭等等，让坐在电视机前的不少中国吃货暗自吞口水。

日式料理几乎与韩国料理同时起步，但大有甩开对手独领风骚的势头。2018年，黄磊主演、翻拍了日剧《深夜食堂》，反映出日本料理在中国的火爆。

2017年中国餐饮报告白皮书显示，在各品类店铺数量中，日本料理店铺位居第11名，仅次于湘菜和咖啡厅，远超杭帮菜和茶餐厅；从营业额看，日本料理杀入中国餐饮市场营业额前十位方阵，市场占有额高达4.5%，中国的日本料理餐厅已从2013年10583家增长到2015年的23135家，到了2017年又增加到4万多家。

日式料理独特的拉面技艺、食材烹制和颇受年轻人喜欢的

上海徐汇区的高级日料店。（视觉中国）

就餐环境，是其快速发展的主要原因。国人对日餐的了解源于拉面，而后寿司成为女生最爱的快餐便当，当精致的日式料理招牌开始在大街小巷出现，国人对日餐的喜爱也日渐浓厚。

讲究，是日式料理的最大特点。不仅食材讲究，烹制讲究，就连在食器选择、用餐环境方面都十分考究。在顶级的日式料理中，选用的谷物和蔬菜必须是在收获季节中第一批采摘的物品，这样才能保证有最为鲜美的食材滋味；同时，食材的搭配注重季节感，比如在春寒料峭时节，一碟精致的菜肴边上横亘着一枝小小的红梅，仿佛带来新春的消息。在食器的选择上，日本人多会选用形状各异、色彩素雅的瓷器来盛放不同的食材。在就餐环境的布置上，也多是清新淡雅的装修风格。

日式料理的特色名菜也有很多，如三文鱼刺身、回转寿司、烤鳗鱼、照烧鸡腿、味噌汤、烤秋刀鱼、咖喱牛肉、茶泡饭、黄油拌饭、日式炸猪排饭、日式火锅、活鱼拼盘、咸蛋寿司、鱼子酱寿司、长崎蛋糕等等。

新中国成立70年来，不论是以法国大餐和意大利大餐为代表的西式正餐，还是以肯德基和麦当劳为代表的西式快餐，抑或是以韩式料理和日式料理为代表的东方异国美食，全都汇集到中国，极大地丰富了中国人的饮食生活，宽慰了中国人的味蕾，提升了中国人的生活品质，同时也促进了中外饮食文化的交流。

食材相同，烹饪理念相同，但在时间的流转中，韩餐与日餐均演绎出自己不同的特色。日韩饮食在中国的盛行，可谓中华饮食文化千百年后的一次"回归"，在不同的就餐环境里，用同样的一双筷子，品尝那似曾相识却又焕然一新的味道，这就是今天的美好生活。

后 记

本丛书由教育部人文社科重点研究基地山东大学当代社会主义研究所牵头，联合山东大学人文社会科学青岛研究院组织编写。主要参编人员如下：山东大学当代社会主义研究所金淑霞、山东大学管理学院周琳、山东大学马克思主义学院常辉、中共山东省委党校（山东行政学院）公共管理教研部王非、山东社会科学院马克思主义研究中心赵彩燕、中国矿业大学马克思主义学院郭雷庆。

在选题策划、文本写作、配图插画等主要环节上，山东文艺出版社领导提出了宝贵的指导意见，第二编辑室主任冯晖女士和编辑房洪民先生为丛书的出版付出了不少心力；山东大学政治学与公共管理学院部分博士、硕士研究生参与了前期的资料搜集和整理工作。我们向所有为本丛书问世提供帮助的人表示感谢。

中国有许多好故事，但要讲好却绝非易事，而要讲全则根本不可能。我们在一路风景中定格了几个片段，试图以滴水折射阳光。我们的努力能否如愿，留待读者评判。

作者

2021年1月

图书在版编目（CIP）数据

这就是中国. 食/郭雷庆，赵彩燕著. --济南：山东文艺出版社，2021.3
ISBN 978-7-5329-5993-8

Ⅰ.①这… Ⅱ.①郭… ②赵… Ⅲ.①社会主义建设成就－中国②饮食业－概况－中国 Ⅳ.①D619②F719.3

中国版本图书馆CIP数据核字(2019)第260815号

这就是中国·食

郭雷庆　赵彩燕　著

主管单位	山东出版传媒股份有限公司
出版发行	山东文艺出版社
社　　址	山东省济南市英雄山路189号
邮　　编	250002
网　　址	www.sdwypress.com

读者服务	0531-82098776（总编室）
	0531-82098775（市场营销部）
电子邮箱	sdwy@sdpress.com.cn

印　　刷	山东临沂新华印刷物流集团有限责任公司
开　　本	890毫米×1240毫米　1/32
印　　张	6
字　　数	110千
版　　次	2021年3月第1版
印　　次	2021年3月第1次印刷
书　　号	ISBN 978-7-5329-5993-8
定　　价	39.00元

版权专有，侵权必究。如有图书质量问题，请与出版社联系调换。